高职高专系列教材

消费心理学

主　编　李　南　张亚薇
副主编　李洁婷　杨　莹　马　瑾
参　编　刘燕萍　黄佳丽　苏　婕　时　间
主　审　李　南

机械工业出版社

本书是高职高专经济管理类专业系列教材之一，依据国家教育部门相关要求，按照培养高职高专经管类专业人才要求而编写。本书从消费者心理学的基础理论入手，在阐述理论的同时，结合教学案例及课后实践活动，强化了理论与实践的联系，突出了消费心理学在市场营销等经济活动中的重要作用及影响。本书主要内容包括绪论、消费者的心理活动过程、消费者的个性心理、消费者需求与消费者购买行为、消费群体与消费心理、社会环境与消费心理、产品策略与消费心理、价格策略与消费心理、促销组合策略与消费心理、销售服务策略与消费心理、网络营销与消费心理等。本书在每章的章末配以案例分析、练习题、实训项目等内容，以帮助学生进一步巩固对所学基础理论知识的掌握，注重灵活运用。

　　本书既可作为高等职业院校、高等专科院校、应用型本科院校、成人高校经管类相关专业的教材，也可供消费者个人作为资料进行学习参考。

图书在版编目（CIP）数据

消费心理学/李南，张亚薇主编．—北京：机械工业出版社，2019.2（2023.12 重印）
高职高专系列教材
ISBN 978-7-111-61790-7

Ⅰ．①消… Ⅱ．①李… ②张… Ⅲ．①消费心理学—高等职业教育—教材 Ⅳ．①F713.55

中国版本图书馆 CIP 数据核字（2019）第 007855 号

机械工业出版社（北京市百万庄大街 22 号　邮政编码 100037）
策划编辑：孔文梅　　责任编辑：孔文梅　孟晓琳
责任校对：朱继文　　封面设计：鞠　杨
责任印制：邓　博
北京盛通数码印刷有限公司印刷
2023 年 12 月第 1 版第 9 次印刷
184mm×260mm・11 印张・264 千字
标准书号：ISBN 978-7-111-61790-7
定价：35.00 元

电话服务　　　　　　　　网络服务
客服电话：010-88361066　　机　工　官　网：www.cmpbook.com
　　　　　010-88379833　　机　工　官　博：weibo.com/cmp1952
　　　　　010-68326294　　金　书　网：www.golden-book.com
封底无防伪标均为盗版　　　机工教育服务网：www.cmpedu.com

前言

20世纪末，我国高等职业教育逐渐兴起。进入21世纪，培养应用型人才的高职教育已走向蓬勃发展的阶段。职业教育要求"以服务为宗旨，以就业为导向，推进教育教学改革。实施工学结合、校企合作、顶岗实习的人才培养模式"。根据《国家中长期教育改革和发展规划纲要（2010—2020年）》的这一要求，我们结合高职高专经济管理类专业课程的特色，编写了本书。

随着我国社会主义市场经济的不断深入和完善，以及国民生活水平的不断提高，市场中的供求关系、消费者的消费水平和消费观念都在发生着巨大的变化。消费者在消费意识、消费结构、消费方式等方面的认识和要求越来越高，消费过程中的自主性越来越强。企业所能提供的商品和服务是否能满足消费者愈加严苛的需求，这已成为当今企业所要考虑的重要问题。企业的经济利益源于消费者对企业产品和服务的认可，因此，研究消费者的心理和行为就成为营销活动的关键。

教育必须服务于社会，社会的发展离不开每一个部门的努力，而每一个部门又都需要相对应的专门人才。教育就是要根据社会需要，完成各类专门人才的培养，让他们掌握足够的知识与能力，以满足社会相关行业的要求。消费心理学是一门专业学科，也是一门应用技术。在各类经济活动中，心理学的应用已日渐广泛，尤其是市场营销活动，对于消费者心理的掌控，对于营销活动的最终成功与否，发挥着至关重要的作用。消费心理研究是企业与消费者之间达成良好沟通的前提条件。目前，消费心理学已作为营销专业的必修课在各类高校开设，在经济管理类其他专业中也已成为重要的必修或选修课程。

对于培养应用型人才的高职高专教育，更加侧重于理论原理在实践中的灵活运用。本书力求理论阐述通俗易懂，便于高职高专学生掌握。在编写过程中，主要遵循以下原则：

（一）理论阐述原则

本书以心理学为基础，从消费心理学理论知识入手进行阐述，并分别从不同角度深入研究消费心理学的相关理论，与此同时将营销专业其他理论知识交叉渗透于其中。

（二）融会贯通原则

在编写过程中，本书巧妙地将消费心理与市场营销活动相联系，再进行纵向深入的阐述，注重心理学和市场营销学理论的融会贯通，使学生在学习过程中灵活掌握和运用营销各个专业学科的知识。

（三）实际运用原则

本书的特点就是将消费心理研究与市场营销策略实践合理结合起来，通过形象生动的案例展示来强调理论在实践中的运用，更易于学生的理解，加深对所学内容的印象。

编写时，本书以引入案例的模式作为章节开端，通过循序渐进、通俗易懂、内容新颖的阐述方式，使教材可读性强，让学生在学习过程中打下扎实的基础，为走向社会做好充分的准备。

本书分为十一章，内容包括：绪论、消费者的心理活动过程、消费者的个性心理、消费者需求与消费者购买行为、消费群体与消费心理、社会环境与消费心理、产品策略与消费心理、价格策略与消费心理、促销组合策略与消费心理、销售服务策略与消费心理、网络营销与消费心理。

本书由云南交通职业技术学院经济管理学院的教师编写，其中李南、张亚薇任主编；李洁婷、杨莹、马瑾任副主编；刘燕萍、苏婕、时间、黄佳丽参加编写。具体分工如下：李南负责全书的审核、统稿，并编写第一章、第二章；张亚薇参与审核，并编写第四章；李洁婷编写第三章、第十章；杨莹编写第六章、第八章；马瑾编写第九章；刘燕萍编写第七章；苏婕编写第五章；黄佳丽编写第十一章；时间编写第二章。

为方便教学，本书配备了电子课件、习题答案。凡选用本书作为教材的教师均可登录机械工业出版社教育服务网 www.cmpedu.com 免费下载。如有问题请致电 010-88379375，QQ：945379158。

在本书的编写过程中，编者参考了大量的同类教材及国内外相关著作及资料，在此向相关作者表示衷心的感谢！

由于编者水平有限，书中难免存在不足之处，敬请读者批评指正。

编　者

目录

前言

第一章　绪论 ... 1
 第一节　消费、消费者和消费心理学 ... 2
 第二节　消费心理学的研究对象、方法和意义 ... 4
 第三节　消费心理学的产生与发展 ... 9
 案例分析 ... 11
 本章小结 ... 12
 练习题 ... 12
 实训项目 ... 13

第二章　消费者的心理活动过程 ... 14
 第一节　消费者的认识过程 ... 14
 第二节　消费者的情感过程 ... 20
 第三节　消费者的意志过程 ... 23
 第四节　消费者的态度 ... 25
 案例分析 ... 28
 本章小结 ... 29
 练习题 ... 29
 实训项目 ... 30

第三章　消费者的个性心理 ... 31
 第一节　消费者的气质 ... 31
 第二节　消费者的性格 ... 35
 第三节　消费者的能力 ... 39
 第四节　消费者的兴趣 ... 42
 案例分析 ... 45
 本章小结 ... 45
 练习题 ... 45
 实训项目 ... 46

第四章　消费者需求与消费者购买行为 ... 47
 第一节　消费者需求 ... 48
 第二节　消费者的购买动机 ... 52
 第三节　消费者购买行为分析 ... 56

 案例分析 ... 62
 本章小结 ... 62
 练习题 ... 62
 实训项目 ... 63

第五章　消费群体与消费心理 ... 64
 第一节　不同年龄群体的消费心理 ... 65
 第二节　不同性别群体的消费心理 ... 71
 第三节　家庭与消费心理 ... 74
 案例分析 ... 77
 本章小结 ... 77
 练习题 ... 77
 实训项目 ... 78

第六章　社会环境与消费心理 ... 79
 第一节　社会文化对消费者的影响 ... 79
 第二节　社会群体对消费者的影响 ... 84
 第三节　社会阶层对消费者的影响 ... 87
 案例分析 ... 89
 本章小结 ... 90
 练习题 ... 90
 实训项目 ... 91

第七章　产品策略与消费心理 ... 92
 第一节　商品命名、包装设计与消费心理 ... 92
 第二节　商品品牌、商标与消费心理 ... 99
 第三节　产品生命周期与消费心理 ... 103
 案例分析 ... 106
 本章小结 ... 106
 练习题 ... 106
 实训项目 ... 108

第八章　价格策略与消费心理 ... 109
 第一节　商品价格的心理功能 ... 109
 第二节　消费者价格心理 ... 112

第三节　商品定价、调价的心理功能·········114
案例分析··119
本章小结··120
练习题··120
实训项目··120

第九章　促销组合策略与消费心理··········122

第一节　人员推销与消费心理··················123
第二节　广告宣传与消费心理··················128
第三节　公共关系与消费心理··················133
第四节　营业推广与消费心理··················135
案例分析··137
本章小结··137
练习题··138
实训项目··138

第十章　销售服务策略与消费心理··········140

第一节　销售服务与消费心理··················141

第二节　购物环境与消费心理··················146
第三节　销售人员与消费心理··················152
案例分析··154
本章小结··155
练习题··155
实训项目··156

第十一章　网络营销与消费心理············157

第一节　网络营销的概念·······················158
第二节　网络营销心理因素分析···············160
第三节　网络营销的心理策略··················162
案例分析··164
本章小结··164
练习题··164
实训项目··165

参考文献···166

第一章 绪 论

学习目标

能力目标
- 能结合消费者的实际情况,理解消费心理学的研究对象。
- 能明确消费心理在营销中的重要作用。

知识目标
- 能理解消费心理学的基本概念。
- 能掌握消费心理学的研究方法。

引导案例

六本木之丘:舒适和便捷

六本木之丘一向自诩为"艺术与智慧之城"——这是一座建在东京市内的城中城,它可以满足居民日常及周末生活的一切需求。这个由居民区、零售区、餐馆和文化场所组成的多功能"城区"是一片充满刺激的高档区域,其设计宗旨便是自然地融入六本木居民的工作、生活、购物、餐饮和休闲活动中。同与之齐名的表参道之丘不同,六本木之丘的成功源于它极力地为目标群体的需求提供服务。这里有适合各阶层人士的居民区、商店、餐馆,因此居住在东京其他区域的人士也会被吸引到这里。商业区坐落在六本木地铁站附近,居民们下车后必须步行穿过商业区才能到达家中,这种"被迫通勤"使居民们必须经过种种建筑物和开放的公共空间,而这些地方的建筑设计在高科技、现代材料方面做到了真正的平衡,营造出平和的整体色调,目的是帮助居民和参观者迅速从繁忙的工作状态转变到晚间的休息状态。实际上,每日的通勤反而成为居民们的散步时间,他们会缓步而行,不时与邻居们交谈几句,如此美妙的归家之路让他们非常享受。(六本木之丘由森大楼公司主导开发,是日本目前规模最大的都市再开发计划之一。)

资料来源:马库斯·斯塔尔博格,维尔·梅拉,购物者营销:如何把进店购物者变成实际购买者,2012。

【引入问题】
1. 居民们为什么愿意选择六本木之丘?
2. 从消费心理学的角度分析,六本木之丘的成功源于什么?

第一节　消费、消费者和消费心理学

一、消费

消费是社会再生产过程中的最终环节。它是人们为了满足生产和生活需要而消耗物质财富的一种经济行为。消费有广义和狭义之分。广义的消费包括生产消费和生活消费两部分。生产消费指物质资料生产过程中的生产资料和劳动力的使用和消耗。生活消费是指人们把生产出来的物质资料和精神产品用于满足个人生活需要的行为和过程。狭义的消费仅指生活消费。本书所提及的消费是指狭义的消费，即生活消费，因此对消费心理学的讨论和研究也是从狭义的范畴来进行的。

二、消费者和消费品

（一）消费者

国际标准化组织（ISO）认为，消费者是以个人消费为目的而购买使用商品和服务的个体社会成员。也就是说，消费者是产品或服务的直接使用者。

消费者与生产者和销售者的定义是不同的：消费者是产品和服务的最终使用者，其购买产品或服务的最终目的是满足最终个人或家庭需要；而生产者和销售者不是产品或服务的最终使用者，他们购买产品或服务的目的是进行生产和销售。因此，购买产品或服务的最终目的是判断消费者的最主要特征。

消费者在消费过程中可根据消费心理学的规律分为不同的消费角色：提议者、影响者、决策者、购买者和使用者。例如，为了接送女儿方便，妈妈提议为女儿买一块电话手表，妈妈的同事推荐了某品牌的电话手表，妈妈和爸爸商量后决定去商店购买，爸爸在周末去专卖店挑选并买回了电话手表，星期一的时候女儿开始使用它。在这个案例中，妈妈是消费的提议者，妈妈的同事是消费的影响者，妈妈和爸爸是消费的决策者，爸爸是购买者，女儿是使用者，所有参与消费的人构成了电话手表的"消费者"。

（二）消费品

消费品是指那些由最终消费者购买并用于个人消费的产品。商品和消费品是两个不同的概念，商品的概念更为广泛，商品只有置身于流通领域时，才能称之为消费品。消费者在其一生中将会消费很多的物质或非物质产品，无论是出于基本生存需要，还是为了获得精神上的满足，所有这些消费的对象都称之为消费品。它们包括有形的物品和无形的服务。

营销人员根据消费者购买消费品的特点，将消费品划分为便利品、选购品、特殊品和非渴求品。

1. 便利品

便利品就是方便消费者购买的商品，消费者对此类商品的购买频率较高，而且经常反复购买，在购买时不需要花费太多时间考虑和挑选，最常见的就是日用品。

2. 选购品

消费者在购买此类商品时，对商品的性能、价格、质量、款式等需要进行反复比较和权衡，如家具、家用电器、汽车等。消费者对选购品的购买总是谨慎考虑，此时，销售人员给出的商品信息及服务对消费者会产生一定帮助。

3．特殊品

此类商品的用途比较特殊，具有自身的特色，或者对消费者具有特殊的意义，在某些特定时间、地点才会用到，如古玩、字画、婚戒等。

4．非渴求品

此类消费品是消费者不熟悉也不感兴趣，缺乏购买欲望的商品。

三、消费心理与消费心理学

（一）消费心理

消费心理是消费者在寻找、选择、购买、使用、评估和处置与自身相关的产品和服务时所产生的心理活动。

消费者在进行消费活动过程中，大致表现出四种消费心理：从众心理、求异心理、攀比心理、求实心理。以购买汽车为例。

从众心理——大多数人买什么品牌、什么价位的车，我就买一样的车。

求异心理——大多数人买的我都看不上，我就是要买一台和大家不一样的车。

攀比心理——我只买最新款，要比其他人的更好。

求实心理——性价比高，经济实惠，能基本满足我的使用需求，实用性强的车型。

（二）消费心理学

消费心理学是心理学的一个重要分支，它是研究消费者在消费活动中的心理现象和行为规律的一门新兴的学科。在我们的日常生活中，几乎每天都离不开消费，每一个社会成员都扮演着消费者的角色。在消费过程中，消费者的行为由消费者的内心活动所支配，从需求的产生到购买后的感受，其间所有的内心活动都对消费的结果有着重要的影响。消费过程中的内心活动又会因为消费者个体的差别，产生不同的情感体验，这些都是消费心理学需要去研究的基本规律。消费心理学既是与其他营销学科相辅相成、交叉渗透的营销学重要组成部分，又是一门侧重于从心理学的角度来研究消费行为，自成体系的独立学科。

> **实例1-1　Pandora 珠宝商的奥秘**
>
> 英国珠宝商 Pandora Jewelry 开发了一款叫作"卖产品"的 App，主要功能是让网友自行设计自己喜欢的手环。每个女人都可以选择自己喜欢的手环形状，然后再装饰以元件，据说有 600 种不同的元件，最后还可以再给亲手设计的手环起一个浪漫的名字，最终每个女人都可以享受一个只属于她的独一无二的手环，并且可以向朋友们分享感受。这款 App 总下载量截至 2011 年已接近 60 万次，共产出了 11 万条不一样的手环，同时制作这些手环的网友产生出 6 万多条微博信息。因为这个 App，Pandora Jewelry 不仅卖出了珠宝，而且粉丝数暴涨了 10 倍，并且这 40 万粉丝都成了精准的客户。
>
> 资料来源：马国良，新营销战：社会化网络营销实战解密，2012。

> 从消费心理的角度来看，消费者作为社会的成员，都希望被关注，而女人出于虚荣心，更喜欢炫耀自己的品位和生活品质。珠宝商利用互联网提供的软件服务，刚好可以满足女性消费者的这一需求，包括消费时在情感上的共鸣。

第二节 消费心理学的研究对象、方法和意义

一、消费心理学的研究对象

消费心理学作为一门多学科融会贯通、交叉渗透的学科，涉及心理学、市场营销学、经济学、广告学等学科。

对消费心理学的研究，是围绕企业的市场营销活动展开的。消费者的需求是企业进行市场营销的出发点。在消费心理的作用下，消费者产生了相应的需要和动机，进而促成最终的购买行为。因此，消费心理学是研究市场营销学的一门重要的基础学科，是市场营销决策的重要依据。在研究消费心理学时，应将以下几个方面作为重点。

（一）研究市场营销活动中消费者的心理现象

一方面，消费者在市场中的需求不尽相同，这主要源于消费者的个性特征、生活环境、文化程度、社会阶层、职业、收入等因素对消费者的心理活动产生的影响。另一方面，市场营销策略的调整，也会起到引导消费者消费的作用，导致消费者购买行为的产生。

营销者在对消费者心理深入研究的基础上，在营销活动中，通过各种措施调动消费者的购买欲望，采用对其更有吸引力的促销手段，尽可能促成消费者的购买行为。

（二）研究消费过程中消费者的心理活动过程

消费者的消费行为受心理活动的支配，消费者的心理活动是包括了从产生需求到形成购后评价的一个完整的过程。在这一过程中，消费者所经历的每一个环节的心理活动都体现出消费者不同的心理特征，这些心理特征又会对消费者的行为起到影响和制约作用。营销者需要对消费者在购买过程中的行为反应进行研究，从消费者内心活动分析入手，更好地理解消费者的购买行为，正确处理消费者在购买过程中可能遇到的利益冲突，使消费者得到需求上的满足。

（三）研究消费者心理活动的一般规律

在消费者购买行为过程中，相同或相近群体的消费者会表现出一些共同的心理倾向，这些心理倾向通常具有明显的消费者个性心理特征。营销者在市场中通过对共同消费群体心理特征的分析，可以把握这部分群体在一定环境和条件下所表现出来的一般心理规律。从心理学的角度来分析消费者心理活动的规律性，如感觉、知觉、记忆、想象等心理活动，从而发现同一消费群体的共同心理倾向、特点，找到不同群体之间的差异。营销者在对系统科学分析研究的基础之上，把握消费者心理活动的一般规律，更有针对性地确定营销目

标及开展营销活动。

二、消费心理学的研究方法

消费心理学的研究方法很多，为了提高研究的有效性，一般在研究消费心理学时经常使用的方法有以下几种。

（一）观察法

观察法是消费心理学研究中最基本的一种研究方法，也是最简便易行的一种方法。在操作过程中，观察者在很自然的状态下，按照计划，有目的的原则对消费者的行为、表情、语言进行观察，并将其记录下来，再对记录的资料进行分析，研究消费者的心理活动规律。

观察法最常见的形式就是调研人员直接到现场进行观察，在被观察者未察觉的前提下，通过观察，记录下被观察者的基本情况。例如，为了了解商场的消费者流量，观察并记录进出商场的消费者人数；为了了解消费者对柜台陈列商品的关注度，观察消费者在柜台前停留的时间、行为反应，等等。

观察法的优点是直观、真实，因为是在被观察者未察觉的情况下开展的研究，消费者没有受到干扰和影响，是消费者心理状态的一种自然流露，所以通过观察所记录的资料比较符合实际情况。但是，这种方法也有不足之处，如果被观察者当时正处于不稳定的心理状态，表现出的行为是一种偶然现象，那么记录的资料就不够准确，不能真实反映规律性的事实，从而影响研究的结果。

（二）调查法

调查法也是消费心理学研究中比较常见的一种方法。营销者根据自身的经营活动，通过不同形式的方式和手段，从消费者那里收集相关信息资料，随后进行整理和分析，对消费者的心理活动开展研究，并找到规律，得出结论。

调查法的主要形式有问卷调查和访谈两种。

1．问卷调查

问卷调查是营销活动中经常采用的一种收集信息的方法。研究者事先根据所需研究的问题，整理设计出调查问卷，再由调查人员以各种方式将问卷发放到调查对象一方。调查人员待调查对象完成问卷再收回，并对问卷反映的内容进行汇总分析。

采用问卷调查，可以根据调查者的需要设计具体问题，使收集到的信息更具有针对性；通过问卷的方式，可以扩大调查范围，可以在不同的市场同时进行调查，提高调查的速度，也比较节省时间和费用。但是，问卷调查主要是文字信息的收集，调查人员与调查对象之间的正面沟通不够，缺少感情交流。

问卷调查法通常在市场范围较大时效果比较好，在统计分析调查结果时也比较简单易行。

2．访谈

访谈是调查法的另外一种常见的形式。调查人员通过与受访者的直接交流，了解对方的心理状态。这种方法更能体现口头信息沟通和人际交流的特点，更具有人情味。通常情况下，可以采取面对面访谈和电话访谈。

面对面访谈是最直接的，调查人员和被访者在面对面的状态下直接交流，调查人员可以一边提问一边观察对方的表情神态及动作和反应，更为直观地了解分析被访者的心理状态。但是这种访谈法因地点和人员的限制，无法展开普遍调查，调查成本也相对较高。

还有一种形式是电话访谈，调查人员和被访者借助电话进行沟通，一般是调查人员在事先安排好问题的情况下，随机拨通被访者电话进行访问。与面对面访谈相比，电话访谈更为简便，但无法与被访者面对面交流，只能听声音，不能观察到对方。

（三）实验法

实验法是在特定的环境中、事先设置好一定的条件下，对消费者心理活动进行分析研究的方法。在实验法中，研究者为了达到研究的效果，对消费者进行有计划、有目的的影响和干扰。常见的实验法有自然实验法和实验室实验法。

1. 自然实验法

研究者在自然的销售环境中，创造出利于研究的条件，给消费者以适当诱导，完成实验过程，得出研究结果。这种方法是在自然环境中完成研究，所获得的资料比较准确。在实验研究中，自然实验法比较常见。

2. 实验室实验法

研究者借助专门的实验设备，在特定的实验空间中，通过严格的控制来研究消费者心理活动。这种研究方法主要受研究设备的限制，只能在某些领域进行消费者心理的研究，所以应用的范围相对较窄。

总之，研究消费心理学可采用多种研究方法，根据研究任务，选择适当的研究方法，可以得出更加准确有效的研究结果。

实例 1-2　速溶咖啡的心理测试

在美国，一开始，速溶咖啡的上市并没有被消费者所接受，大家对这种省事、方便的产品并不感兴趣。美国心理学家曾用问卷法直接调查，结论是消费者不喜欢这种咖啡的味道。然而，这个结论是没有依据的，因为速溶咖啡和新鲜咖啡的味道是一样的。后来，心理学家通过角色扮演法，编制了两种购物清单，一种清单上写的是速溶咖啡，另一种清单上写的是新鲜咖啡。把这两种购物清单分发给两组妇女，请她们描写持有不同购物清单家庭主妇的特征。测验结果发现，两组妇女对家庭主妇的评价截然不同。购买速溶咖啡的主妇被大家看作是懒惰的、邋遢的女人，不是个好妻子；而购买新鲜咖啡的主妇则被大家评价为是勤快的、有经验的、会持家的主妇。这表明在当时的社会背景下，美国妇女认为负担繁重的家务是一种天职，而逃避劳动则是懒惰的表现，大家不接受速溶咖啡，正是基于这种深层的购买动机。后来公司改变了宣传策略，改变口味，改进包装，减轻消费者的心理压力，产品随即成了畅销货。

资料来源：梁清山，消费心理学，2008。

本案例中，心理学家分别运用问卷调查和实验法，对美国家庭主妇的咖啡消费心理进行了研究。在问卷调查没有收集到有价值的信息情况下，心理学家改为实验法。通过分组实验研究，找到了速溶咖啡滞销的真正原因，为公司及时调整营销策略提供了客观、准确的依据，改变了销售局面。

三、研究消费心理学应遵循的原则

（一）理论联系实际原则

消费心理学的研究结论是在大量的实际运用中不断积累和完善的。在消费者购买行为发生的过程中，研究者通过观察分析，总结概括出消费者心理活动的相关理论。在实践运用中检验理论的可操作性，再通过发现探索，深入发展理论、方法，使消费心理学的研究更为全面、科学。

（二）客观性原则

任何事物都有其发生和发展的规律，在学会总结的基础上，也要尊重客观事实。消费者根据自身情况所产生的需求，通过大脑反映形成消费心理，这是一种客观现象。在社会实践中，消费者的所处环境和实际情况，都是研究消费心理学必须考虑的客观因素，不能主观、片面地随意下结论。

（三）全面性原则

消费者在购买过程中受到的影响因素是来自多方面的，如消费者的收入水平、社会阶层、当时所处的购物环境、心情等。这些因素对消费者决策过程都会产生不同程度的影响。在研究消费心理学时要做到全面地考虑问题，运用多种分析方法综合进行研究。

（四）持续性原则

随着社会的进步、时代的变迁及环境和自然的变化，消费心理学的研究也在不断深入地发展。各种因素在变化，互相制约也互相促进，消费心理的形成和发展不会一成不变。在研究消费心理学的同时，不仅要对消费者心理进行研究分析，还要用发展的眼光看待各种心理现象，在营销活动中结合战略、战术、具体方式方法等来综合应用。

四、研究消费心理学的意义

（一）有助于企业正确掌握消费者的心理活动规律

目前，市场竞争日益激烈，企业的一切活动都是围绕着消费者的需求展开的，谁能留住更多的消费者，谁就能在竞争中占有一席之地。想要在竞争中更胜一筹，关键就在于对消费者心理的探究。从影响消费者心理的因素，到消费者在购物过程中的一系列内心活动，都是企业了解消费者真实需求的重要线索。因此，从消费者的需求动机开始，深入研究其消费心理的活动规律及行为方式，有助于企业制定正确的营销策略。企业根据消费者的心理特征，找到消费者购买行为的规律，进一步了解影响消费者行为的不同因素，分析消费者的购买行为，从而有目的、有计划地针对消费者不同的需求开展营销活动。另外，消费者的需求是随着时间的推移和时代的变迁发生变化的，科学、系统地研究消费心理学，有助于企业更准确地预测消费者心理变化的趋势和规律，为企业将来的生产和营销提供重要依据。

（二）有助于企业营销人员业务素质的提高

企业在市场中想要留住消费者，除了商品本身要能够满足消费者需求之外，销售人员向消费者提供满意的服务也是很重要的因素之一。在市场竞争中，营销人员的素质也是提高企业市场竞争力的一项重要筹码。消费者在市场中可以任意选择自己满意的商品和服务，一方面使消费者获得了最大限度的满足，另一方面也给企业的营销活动增加了难度。要改善企业在市场中的竞争局面，就要求企业的营销人员具备更专业的销售能力。其中，准确把握消费者心理就是营销人员必须掌握的一项重要技能。良好的沟通技巧，热情的销售服务，有针对性地调整对待消费者的态度和行为，等等，都需要营销人员能够深入了解消费者的内心活动，准确分析不同心理消费者的特点和行为差异，与消费者进行良好的沟通渠道，周到的服务加上熟练的销售技巧，争取得到消费者的信任，达到促成其购买行为的最终目的。

（三）有助于消费心理学研究的深入发展

消费心理学是一门新兴的学科，对消费心理学的研究是一个漫长的课题。时代的进步，社会经济的不断发展，对消费者心理的变化产生着巨大的影响。对于消费心理学的研究，只有在广泛深入了解消费者的基础之上，不断积累，才能形成不断完善的理论。大量的销售案例，以及消费者心理活动的变化，为消费心理学的研究提供了更多的支持。因此，对消费心理学的研究，将不断推进学科理论的进一步深入发展。

（四）有助于引导消费者进行科学合理的消费

消费是以消费者为主体的经济活动。在消费过程中，消费者的决策能力及自身所表现出来的行为方式，对消费结果起着重要的作用。通过对消费心理学的深入研究，营销人员对消费者的正确引导，都会提升消费者对商品的认知水平，改变其价值观念，减少消费者的决策失误，尽量避免出现盲目消费的情况，使消费者的消费决策过程更趋于理性。

实例1-3　哈根达斯的营销

哈根达斯提供的百余种不同口味冰激凌，能最大限度地满足消费者的需求。哈根达斯最早的冰激凌只有香草、巧克力和咖啡三种口味，后来又有了草莓口味和其他更多更富有想象力的冰激凌产品。例如，有一款名为"冰火情缘"的冰激凌火锅，包括15个不同口味的小冰激凌球，一锅热巧克力浆，还有水果、点心和柠檬水等。当冰凉的小球在热巧克力里一转再捞出来时，已穿了一层巧克力脆皮外衣，一口咬下去，像是在吃巧克力冰激凌。如此独出心裁的产品设计，已经成为哈根达斯的一个特点。每一款哈根达斯冰激凌都绚丽多姿、千娇百媚，连名字都能引起人们无限的遐想：

代表爱情甜蜜的：陶醉浪漫、浓情脆意、天生一对、给我的爱、心醉浪漫、爱琴海之梦、伊甸园等。

代表快乐心情的：欢乐时光、心花怒放、心怡情怡、绚丽冬日等。

代表浪漫色彩的：梦幻天使、玫瑰峰、巴厘烈焰、情迷黑森林、蒙地卡罗等。

除了完美的味觉体验外，哈根达斯也致力于为消费者创造完美的空间享受。哈根达斯的专卖店都选择开在一些大型的休闲娱乐中心里。店面不大，追求精致、小巧、雅观的设计，以暗红色为基调，保留了欧洲的装饰风格。店员训练有素，环境优雅愉悦，让消费者能随时享受哈根达斯的美味和畅快。哈根达斯缔造的香浓口感和舒适休闲，给人以精致生活的完美享受，已不仅仅是一种冰激凌，更代表了一种时尚的生活方式和品味。

资料来源：冯丽云，经典广告案例新编，2007。

哈根达斯对消费者心理的准确把握，为企业带来的营销成功是显而易见的。从琳琅满目、能满足消费者不同口感需求的冰激凌，到温馨舒适的店面环境，以及销售人员的专业服务，无不体现出哈根达斯对消费者感受的重视。可见，研究消费心理对企业市场竞争力的提高，起着至关重要的作用。

第三节 消费心理学的产生与发展

一、消费心理学的历史进程

消费心理学作为心理学的一个分支，是在资本主义工业革命后，随着商品经济的发展，在日益激烈的市场竞争中逐步形成的。

（一）萌芽阶段

19 世纪末到 20 世纪初，西方国家进入工业化大生产时代。市场竞争加剧的趋势在美国尤为突出，此时的消费者已经在市场上体现出主导地位，市场也逐渐从过去的卖方市场转变为买方市场。经营者们为了让自己的企业能够在市场中获得更大的竞争优势，在经营中开始更多地考虑消费者的感受，对消费者心理的研究初见端倪。消费心理学逐步被引入企业的营销策略中，特别是在广告和推销中的运用日益明显。

随着消费心理研究的出现，一些相关的理论也被提出来。1901 年，美国心理学家斯科特提出广告工作应作为一门学科，而心理学可以在其中发挥重要作用的见解，被认为是第一次提出消费心理学的问题。1903 年，斯科特编辑的《广告理论》一书的出版，标志着消费心理学的雏形——广告心理学的诞生。随后到 20 世纪 30 年代，许多的经济学家、管理学家和心理学家都对消费心理与行为进行了研究。此时，消费心理学完成了基本知识的积累，人们对消费心理的有关问题从感性的认知提升到理性层面。

（二）应用阶段

20 世纪 30 年代到 60 年代，消费心理的研究越来越深入，在市场营销中的应用也越来越广泛。尤其是在经济危机之后，西方国家的企业面临更加激烈的市场竞争。为了应对经济危机带来的利益损失，企业想尽办法提高自身的市场竞争能力，在营销活动中更加注重推销、广告等促销方式的作用。第二次世界大战结束后，各国专注于战后经济的重建，消费者生活水平提高的同时，消费观念也在发生改变。企业结合消费者的需求特点和心理变化趋势，使心理学在营销中的应用取得了新的成果，给企业带来了更大的竞争优势。

关于消费者行为的研究，在这一时期比较突出，包括美国心理学家马斯洛提出的"需求层次论"等著名心理学理论，都是消费心理研究的重要理论，并在实际应用中对消费者的心理与行为加以分析研究。

（三）变革阶段

20世纪60年代之后，消费心理学的研究进入了飞速发展的阶段，此时的消费心理学研究更加完善。1960年在美国正式成立的消费心理学会，标志着消费心理学作为一门独立的学科而诞生。此阶段《广告研究》和《市场研究》两本杂志的发行，使消费心理学的研究得到了更有力的推广。

20世纪70年代，美国等发达国家推进了消费行为方面的研究，使消费心理学理论日趋成熟与完善。消费心理学的学科体系在不断的创新中越来越丰富。在市场实践与理论的基础上，消费心理学与其他相关学科的交叉渗透，形成了广告、市场、消费者等研究体系，理论研究的结论也更加清晰。

20世纪80年代，消费心理学的研究无论从广度还是深度都有了更进一步的发展。理论研究更深入，应用方面更熟练，跨学科的研究进一步融合。除此之外，一些现代化的研究方法也有了很大的进展。

二、消费心理学的发展趋势

（一）研究角度多元化

首先，消费者作为买方，在市场活动中占据着绝对的控制权，其心理与行为对市场供求关系的影响不容忽视；其次，市场中有关政府制定的各种宏观措施对消费者产生一定的心理效应；再次，消费者权益保护意识越来越强，从保护消费者合法权益的角度研究消费心理学势在必行；最后，消费心理学在更加广泛的社会问题中出现，从各种角度来进行相关的研究，给消费心理学提供了更广阔的发展空间。

（二）研究因素多样化

在研究消费者心理时，分析各种与其相关联的因素是消费心理学的重要内容。这些分析已经从最初的消费者年龄、性别、收入、职业、家庭发展到后来更加深入的个性心理、动机、态度、社会群体、文化差异等。随着社会环境的不断变化，消费者素质的全面提升将导致消费者行为越来越复杂，以后对消费者心理的研究趋势还将更加细致、具体。

（三）研究方法可量化

消费心理学的研究已经从定性分析转化为更为科学的定量分析，其中运用到统计学、运筹学等相关理论，结合因果关系、相关关系等定量方法的分析，更加客观地解释了各种变量之间的关系，使研究结果更真实、客观。深入的理论分析和科学研究体系，使消费心理学在实践中得到广泛应用，在应用中不断完善。

实例 1-4　不卖的东西可以影响正在卖的东西

普拉达门市经理们的嘴皮子上经常挂着"锚点"这个心理学术语。在奢侈品行业，它指的是一种价格高得令人咋舌的东西，展示它的主要目的是诱导消费者。锚点本身也供出售——但要是没人买它也没关系，它摆在那儿就是用来对比的。跟它一比，其他所有东西就都显得能买得起了。"这种手法最早可以追溯到17世纪，"帕可·安德希尔最近说，"你卖一样东西给国王，但朝廷上的每一个人都必须另外买一件稍微差些的配套货。橱窗里有500美元的皮包，你选件新T恤总不算过分吧？"感官逻辑公司的营销顾问丹希尔说，成功的商店利用高价物品来创造"混合着愤怒与幸福的复杂感受"。中产阶级消费者感到愤怒，因为他们买不起店里陈列的、穿在名人身上的东西，但他们又因为买了其他东西而下意识地高兴起来。

营销专家特沃斯基喜欢讲下面这则故事：在以所售产品质量好、价格高而出名的威廉斯-索拿马厨具连锁店，有一种神奇的烤面包机，售价279美元。他们后来新增的一种稍微大些的型号，售价429美元。猜猜后来怎么样？429美元的型号滞销得一塌糊涂。你又不是开寄宿学校的，要一台更大的面包机来干嘛？可279美元的型号销量差不多翻了一倍。

资料来源：威廉·庞德斯通，价格幌子"套牢"消费者，中华合作时报，2011-7-22。

高价的商品推动了低价商品的销售，此时高价商品就是低价商品的"托儿"，而消费者的价格比较心理，导致了其购买行为的产生。

三、消费心理学在中国

在中国，对消费心理学的研究正处于初级阶段。我国自改革开放以来，商品经济的发展和社会主义市场经济体制的确立，给消费心理学的进一步研究提供了更完善的条件。同时，消费者意识的改变及消费水平的提高，消费市场上的商品不断丰富，为消费心理学的深入研究起到了重要的推动作用。

从20世纪80年代开始，我国大量引进国外消费心理学的研究成果，进行系统的研究学习。一方面借鉴国外的先进理论，一方面总结自己的研究经验。关于消费心理学研究的理论著作也陆续出版，意味着消费心理学研究在我国已经有了长足的进步。

我国的消费心理学研究基于本国国情，针对我国的市场和消费者的特点，总结发展适合我国客观实际情况的研究方法和模式，在新的环境中不断完善和建立科学理论。1987年中国消费者协会的成立以及1993年《中华人民共和国消费者权益保护法》的颁布，对消费者的权益保护有了合法的依据，确立了消费者在市场中的合法地位。企业对消费者心理的研究越来越重视，将消费者作为核心开展更为有效的营销活动。

案例分析：非处方药营销"分羹术"

某医药生产企业历经数年研发出一种非处方药，因其与处方药疗效相当，故在营销上着重宣传疗效如何好，副作用如何少。但无论如何促销，业绩总上不去。营销人员向医生咨询，医生告诉他，既是非处方药，单讲疗效，无论如何也不能与处方药抗衡，建议重塑营销理念，放弃原有的"功效、主治和不良反应少"的诉求，重塑"只有药材好，药才会好"的营销理念，并一改过去沿用的"×××牌"，改以"×圣×××"的名字命名；在包装上参照保健食品样式，突出产品原料、产地以及品牌部分，使之易与其他同类产品区别。这种在外包装上不过分强调功效、主治和适应证，并把产品主要成分公开的营销理念，使消费者备感亲切，易于接受；加上其品牌新形象具有强烈的视觉冲击力，使其销量大增。

资料来源：医药经济报，2007-10-15。

【案例分析题】
1. 为何消费者更愿意购买改良包装后的非处方药？他们的心理是怎样的？
2. 研究消费心理学对企业营销的意义何在？

本章小结

本章从消费、消费者等基本概念入手，继而介绍了消费心理学的概念、内容、研究的方法和意义等基础知识。通过介绍消费心理学的历史进程，分析了其未来的发展趋势。

练习题

一、单项选择题

1. 消费心理学的基础是（   ）。
   A. 推销心理学　　　　　　　　　　B. 广告心理学
   C. 营销心理学　　　　　　　　　　D. 销售心理学
2. （   ）是社会再生产的最终环节。
   A. 批发　　　　B. 零售　　　　C. 消费　　　　D. 销售
3. 消费心理学起源于（   ）。
   A. 中国　　　　B. 日本　　　　C. 美国　　　　D. 英国

二、多项选择题

1. 消费心理学的研究方法有（   ）。
   A. 观察法　　　　　　　　　　　　B. 统计法
   C. 实验法　　　　　　　　　　　　D. 调查法
   E. 模拟法
2. 消费心理学应遵循的原则有（   ）。
   A. 尊重客观事实原则　　　　　　　B. 全面性原则
   C. 理论联系实际原则　　　　　　　D. 理论实践分离原则
   E. 持续发展原则

三、判断题

1. 消费心理学是一门独立于其他学科的新兴学科。（   ）
2. 消费者的行为是消费心理学研究的主要内容。（   ）

3. 对于消费心理学的研究具有多元化发展的趋势。　　　　　(　　)
4. 在购买过程中，消费者的心理活动无法左右其行为。　　　(　　)
5. 现在，消费心理学已经在市场营销活动中被广泛运用。　　(　　)

实训项目

消费心理分析

一、实训目的

培养对消费心理学分析研究的认知。

二、实训内容

1. 根据自己的经历，回忆一次购物过程。
2. 分析此次购物过程中自己的内心活动。

三、实训要求

1. 按教学班级进行分组，每组 5～8 人，按组进行调查。
2. 小组成员针对自身情况逐一陈述分析。
3. 由每组组长负责完成分析报告的撰写。

第二章

消费者的心理活动过程

学习目标

能力目标
- 能掌握消费者认识过程、情感过程和意志过程在营销活动中的应用。

知识目标
- 能掌握消费者一般心理活动的三个基本过程:认识过程、情感过程和意志过程。
- 能掌握消费者心理过程包含的基本概念、特征及其对消费者行为的影响。

引导案例

愉快+情感+要出卖的商品=广告心理学

广告商想让家庭主妇买一种洗衣粉,便先描绘一个和睦、幸福、其乐融融的家庭,然后推出洗衣粉的品牌。模模糊糊中人们感到这幸福的生活同使用这种洗衣粉相关。广告播放多次后,对洗衣粉的好感被装进了主妇的潜意识。主妇去买东西,看看眼前的十几种洗衣粉,想也没想就拿了广告中的洗衣粉。啤酒商想卖啤酒给男士们,商人们先让婀娜多姿的女模特出场,扭来转去,在男士们正感到兴高采烈、津津有味的时候,推出要卖的啤酒。就这样,移花接木效应发生了,男士们兴高采烈、津津有味的感觉就"接"到了啤酒上。商人想让孩子买一种饮料,广告商就推出喝了这种饮料的小朋友是多么的欢天喜地和快乐无比。每个做父母的都知道这种广告对孩子有多大的影响力。广告之所以有效,是因为它利用了人的情感规律。所以:愉快+情感+要出卖的商品=广告心理学。

资料来源:京师心智,心理学常识速查速用大全集,2015。

【引入问题】
有效的广告是如何利用消费者的心理活动的?

第一节 消费者的认识过程

一、消费者一般心理活动过程

消费者一般心理活动过程是消费者在购买商品或服务的过程中内心的一种动态发展过

程，包括认识、情感、意志三个不同阶段，它们是互相联系、互相制约的，具体又包括感觉、知觉、注意、记忆、想象、思维、情绪、感情以及意志等若干个环节。

二、感觉和知觉

（一）感觉

1. 感觉的含义

感觉是人脑对直接作用于感觉器官的当前客观事物的个别属性的反应，是人们对客观世界一切事物的认识的开始，包括外部感觉和内部感觉。

（1）外部感觉指由人体外部客观事物的刺激所引起的感觉，它的感觉器官都位于身体表面或接近身体表面的地方。外部感觉包括视觉、听觉、嗅觉、味觉、肤觉等。

（2）内部感觉指人的感受器官对自己的机体内部各种刺激引起的相应反应。内部感觉主要包括机体觉（内脏觉）、平衡觉、运动觉等，如饥饿感、眩晕感及运动感等。

2. 感觉的特性

（1）刺激性

刺激性指特定感觉器官只接受特定性质的刺激。每种感觉器官有其特定功能，只能反映特定性质的刺激。例如，听觉是通过耳朵进行的；视觉要通过眼睛进行等。

（2）感受性

感受性是感觉器官对适宜刺激的感受能力。要引起感觉，不仅要有适宜的刺激，还要有一定的刺激强度。例如，几十万元甚至上百万元的房产价格，商家提价几元钱并不被消费者所注意；但作为日常生活开支，即使价格上涨几角钱，消费者也会很敏感。

（3）适应性

适应性是指由于外界刺激物持续作用于人体感受器官而使其敏感性发生变化的现象。长期接受某种刺激，感受性就会减弱。

（4）对比性

对比性指不同的刺激物作用于同一感受器官而使感受性发生变化的现象。比如，白色在黑色背景中要比在白色背景中容易辨认。营销活动中的对比性有助于增强消费者的注意。

（二）知觉

1. 知觉的含义

在认识过程中，人脑对直接作用于感觉器官的客观事物个别属性的整体反应，就是知觉。

所谓消费者知觉，是消费者对所感觉到的商品或服务经过分析综合后的整体反应。消费者在形成感觉的基础上，对个别信息进行加工，形成知觉。

2. 知觉的特性

（1）选择性

消费者并非对所有刺激都做出反应，而是有选择地把其中一部分刺激作为信息加以接收和理解。只有达到足够强度的刺激才能为消费者所感知。

(2)理解性

知觉是在知识经验的参与下形成的。如果缺乏必要的知识经验和相应的概念词语,消费者就不能形成对商品的正确知觉。

(3)整体性

在认知商品的过程中,消费者经常根据消费对象的各个部分进行整体性感知。人们通常把某种商品的商标、价格、质量、包装等因素联系在一起,形成对该商品的整体印象。

(4)恒常性

由于知识经验的参与和整体知觉的作用,人们对客观事物的印象能保持相对不变。有些传统商品、名牌等能长期保有市场份额,一个重要的原因就是消费者已经对它们形成知觉的恒常性。

(三)感觉与知觉的区别和联系

1.感觉与知觉的区别

(1)来源不同

感觉是介于心理和生理之间的活动,主要来源于感觉器官的生理活动及客观刺激的物理特性。知觉是在感觉的基础上对客观事物的各种个别属性进行综合和解释的心理活动过程。

(2)反应的具体内容不同

感觉是人脑对当前客观事物个别属性的反应,知觉则是大脑对客观事物个别属性的整体反应。

(3)生理机制不同

感觉是单一分析器活动的结果,知觉是多种分析器协同活动对复杂刺激物或刺激物之间的关系进行分析综合的结果。

2.感觉与知觉的联系

(1)感觉是知觉产生的基础。没有对客观事物个别属性反映的感觉,就不可能有反映客观事物整体的知觉。

(2)知觉是感觉的深入与发展。若对某客观事物或现象的感觉越丰富、越完善,那么对该事物的知觉就越完整、越准确。

(3)知觉是高于感觉的心理活动,它是在个体知识经验的参与下,以及个体心理特征影响下产生的。

实例 2-1 "触手可及"——苹果公司的营销

苹果公司设在纽约、芝加哥、伦敦和东京的旗舰店都鼓励购物者对产品进行身体上的触碰,强调触摸带来的感觉。每个空间上平滑、简洁的线条既表露了品牌时尚性与功能性并重的特点,又彰显出产品的与众不同。宽大的座椅似乎在鼓励购物者多坐一会儿,与店内空间更加融合。圆边和曲面扶手的设计显然是为了便于触摸,玻璃楼梯和墙壁则传递出宽阔、清晰和明亮的感觉。

在苹果店内,触碰是一种很人性化的设计,一切都蕴含着"触手可及"的概念。他们鼓励购物者在现场试用产品,这是一种让购物者直接用触觉与品牌对话的策略,在这里,年轻的用户拥有量身定制的空间。购物者们可以从电影院中了解到与苹果产品有关的一切信息；也可以到"工作室"中试用新软件来获得新知识；或者与店内"精英吧"里的驻点专家进行交谈，体验一下与苹果精英面对面的感觉。

资料来源：马斯库·斯塔尔伯格，维尔·梅拉，购物者营销：如何把进店购物者变成实际购物者，2012。

　　苹果公司的"人性化触碰"带给消费者更真实的消费体验。无障碍的沟通拉近了消费者与产品的距离。这一系列营销策略让消费者最直观地感受到了"苹果"的魅力。

三、记忆和注意

（一）记忆

1．记忆的概念

记忆是人脑对感知过的事物、思考过的问题和理论、体验过的情绪或做过的动作的反应。

2．记忆的类型

通常情况下，记忆分为瞬时记忆、短时记忆、长时记忆三个系统。

（1）瞬时记忆——指外界刺激以极短的时间一次呈现后，保留一瞬间的记忆。

（2）短时记忆——指外界刺激以极短的时间一次呈现后，保持时间在1分钟以内的记忆。

（3）长时记忆——指外界刺激以极短的时间一次呈现后，保持时间在1分钟以上的记忆。

3．记忆在营销活动中的应用

（1）促成消费者的有意记忆

在其他条件相同的情况下，有意记忆比无意记忆的效果好得多。当消费者面对众多商品难以确定购买目标时，营销人员应积极主动宣传介绍，当好参谋，帮助消费者确定购买目标，以形成有意记忆，从而促成交易。

（2）理解有助于记忆

建立在理解基础上的意义识记，有助于人们全面、准确、牢固地记忆信息内容。在商品广告中，把新产品与消费者熟悉的事物联系起来，便于消费者理解并增强记忆，提高信息传播效果。

（3）商业活动有助于增强记忆

当所识记的内容成为人们活动对象或结果时，记忆的效果会明显提高。在商业活动中采取措施吸引消费者参与到商品的促销活动中，可以增强消费者对商品的记忆。

（4）情绪和情感对记忆产生影响

当人的情绪处于愉快、激动、兴奋或气愤等状态时，就会形成深刻的记忆，并能长时间保持。在营销活动中，通过为消费者提供优质服务，利用情绪、情感等诉求手段可加强消费者对企业、商品的记忆。

（二）注意

1．注意的概念

注意是一种心理现象，它是伴随着感觉、知觉、记忆、想象和思维同时发生的心理过程。

2. 注意的特征

（1）指向性

指向性表现为心理活动对一定事物的选择。例如，消费者在逛商场时，他们的心理活动并非指向商场内所有的商品，而是他们所关心的某些商品。

（2）集中性

集中性表现为心理活动能在特定的选择和方向上保持并深入下去，同时排除一些不相干的因素。例如，消费者在选购商品时，总是集中在要购买的商品上，以获得对所选商品的准确反映。

指向性和集中性相互联系、密不可分，指向性是集中性的前提和基础，而集中性是指向性的体现和发展。

3. 注意的分类

注意通常分为无意注意和有意注意。

（1）事先没有预定目的，也不需要做出意志努力，不由自主地指向对象的注意称为无意注意。

（2）人们自觉的、有预定目的的，必要时还需要做出一定意志努力的注意称为有意注意。

4. 注意在营销活动中的应用

（1）发挥注意的功能，引发消费需求

在企业的营销活动中，正确地运用和发挥注意的心理功能，采取有效的刺激手段，引起消费者的无意注意，并帮助其由无意注意转移到有意注意，从而引发消费者的需求。

（2）广告设计制作要吸引消费者的注意

一则广告成功的前提是引起消费者的注意。在商品广告制作中，可以运用客观刺激目标内容、措辞、色彩、大小、位置、活动、对比及时间间隔等特点来引起消费者的注意。

（3）用多元化经营调节消费者的注意转换

虽然有意注意能引发消费者的明确需求，但若一直处于有意注意状态，人很容易疲劳，难以保持对购买目标的兴趣，甚至会中止购买行为。因此，零售业态集购物、休闲、娱乐和餐饮于一体的多元化经营，使消费者在购物活动中，时而有意注意，时而无意注意，利于延长消费者在商店的逗留时间，得到更多的销售机会。

实例 2-2　缔造贾君鹏事件的网络神话

2009 年 7 月 16 日，有人在百度魔兽世界贴吧发帖留言："贾君鹏，你妈妈喊你回家吃饭。"这样一个只有 12 个字，看似完全没有任何亮点的网帖却莫名其妙地突然蹿红，短短两天回复数 300 621，点击数 760 万。随后的一段时间，贾君鹏这个名字迅速通过各个媒体报道，立刻变得家喻户晓，其创造的点击数被媒体称为华人网络世界第一奇迹。

随着贾君鹏这个名字的走红，其市场价值立刻被挖掘出来。网上某手机店铺给一款知名品牌手机打出这样的广告语："贾君鹏，你妈妈给你买手机了。"淘宝网站上更是出现了"贾君鹏，你妈妈喊你回家吃饭"字样的 T 恤，价格为 30～80 元。还有另外 100 多种网购产品，都用上了"贾君鹏温情推荐"等类似语句。

实际上，贾君鹏事件是重庆一家传媒公司网络炒作的杰作。该公司有 10 名员工，每年进行 3～5 个这样的炒作业务。这次的行动总计动用网络营销从业人员 800 余人，注册 ID 号 2 万余，制造了 10 万余条的回复。而这次炒作，也为这家公司带来了超过 6

位数的收入。贾君鹏以及其之前层出不穷的网络红人炒作事件,已经明显地告诉我们,要做好市场营销,抓住大众眼球至关重要。只有充分利用媒体热点,甚至制造传媒热点,才能够真正使自己的产品家喻户晓。

资料来源:京师心智,心理学常识速查速用大全集,2015。

网络世界信息铺天盖地,该传媒公司能脱颖而出并抓住机会,关键就在于对消费者心理的把握,用独特的方式吸引了消费者的眼球,抓住了消费者的注意力。

四、想象和思维

(一)想象

想象是以头脑中事物的表象为材料,对其进行加工、改造、重新组合,形成新形象的心理过程。心理学上把客观事物作用于人脑后,由人脑产生对这一事物的形象叫作表象。对已经形成的表象,经过人脑的加工、改造,并创造出没有感知过的新形象的过程叫作想象。想象应具备三个条件:

1)必须有过去已经感知过的经验。
2)想象必须依赖于人脑的创造性。
3)想象创造的是一个新的形象,是主体没有直接感知过的事物。

想象主要分为无意想象和有意想象。无意想象是没有特殊目的、不自觉的想象,是想象中最简单、最初级的形式。有意想象是根据一定的目的自觉进行的想象,与无意想象相对应,并带有一定的目的性和自觉性。

消费者在评价商品时,常常有想象活动参与其中,如某件衣服穿在自己身上会是什么样子等。营销人员的工作也需要想象活动的参与,如商品的推荐、介绍等,都需要营销人员充分发挥自己的想象力。

(二)思维

思维是认识过程的理性阶段,是人脑借助于语言对客观事物的本质属性、内在联系和发展规律的认识,是人类具有的高级心理现象。

思维是一个复杂的心理过程,具体表现为:

1)分析——把整体分为部分,把复杂的问题分解为简单的要素,列出它们的本质属性和彼此之间的关系。
2)比较——在人的头脑中把各种事物加以对比,来确定它们的区别与联系。比较是在分析的基础上进行的。
3)抽象——在人脑中把各种对象和现象的共同属性、本质特征同其他属性、次要特征分离开来的过程。
4)综合——在分析比较的基础上,把事物的个别部分与属性联合为一个整体。
5)概括——将抽象出来的对象的本质特征及相互关系、规律性等加以概括,从而形成概念。
6)系统化和具体化——通过分析、综合,把整体的各个部分归入一定的类别系统之中,也就是加以归类,并将概括得到的知识和原理运用到具体解决问题的过程中去。

消费者的思维过程也就是其决策过程。由于消费者在思维方法和思维能力方面存在差异,消费者购买决策的方式与决策时间也就各不相同。

> **实例 2-3** 山寨盛行源自人们对奢侈消费的想象
>
> "商品"有个特点,就是它本身其实就是一个"物"。但是,它却总是要把自己搞得不像是"物",而像是一个"神"。一种商品要把自己装饰得像是一种神圣的东西,然后才能卖一个好价钱。杰姆逊曾经在《后现代主义与文化理论》这本书中,讲述了卷烟是如何把自己神圣化和性格化的。广告让万宝路香烟变成了和粗犷的西部、强健的男人紧密相关的东西。于是,买烟,就变成了购买一种强健的狂想。
>
> 以此类推,在今天的数码时代,一切商品都要把自己变成一个"神",成为"物之神",然后再进入市场流通。这种瞒天过海的手段,已经成为现代商品文化的典型特征。尤以手机这种商品最为典型。据调查,自 2003 年以来,人们购买手机的主要动机已经不再是需求,而是更新换代的欲望。这几年来,中国人用手机,图的不仅是方便通达,而是牌子亮、有身份。新手机层出不穷,旧手机逐步被淘汰。
>
> 换句简单的话来说,在购买手机的消费行为之中,包含了越来越多的对自我想象的购买。手机"奢侈消费"的秘密全在这里了:商品用想象来推销自己,而不是用它自己。我在想,为什么山寨品先从手机下手?就是因为手机消费乃是奢侈消费想象的重灾区。人们喜欢手机,乃是喜欢手机带来的"白领感""尊贵感"。物华其宝,乃传其神;商品之宝,乃在于奢;山寨盛行,无外乎领会其神、激发其奢而不必为此付出高昂代价。
>
> 资料来源:http://news.sohu.com/20081218/n261293363.shtml。
>
> 山寨手机的流行并不是好的趋势,但从消费心理的角度来分析,可以看到消费者的想象心理在其中发挥着重要作用。

第二节 消费者的情感过程

认识过程只是反映客观事物的本质属性,而情感过程则是反映客观事物与人的主观需要之间的关系,情感过程是建立在消费者对商品的认识过程基础上的,是对商品认知的一种心理升华。一切关于消费者对商品情感过程的分析,都必须以对该商品形成的认识为起点和前提,主要表现为情绪和情感。

一、情绪和情感

(一)情绪和情感的含义

情绪是短时间内与生理需要相联系的一种心理体验;情感是长时间内与社会需要相联系的一种稳定的心理体验。

(二)情绪和情感的类型

情绪和情感可分为心境、激情、应激、热情四种类型。

1. 心境

心境是一种比较弱、平静而持久的情绪状态,即心情。心境在特定时间内会影响人的行为表现及对周围环境做出的判断。消费者的心境对其购买行为具有重要的影响。良好的心境能提高消费者的积极性,增加对商品、服务等的满意度,从而激发购买欲望,促成购买行为。反之,则会抑制购买欲望,阻碍购买行为。

2. 激情

激情是一种猛烈的、迅速爆发而短暂的情绪体验。例如痛苦、狂喜、暴怒、恐惧、绝望都属于这种情绪状态。激情有积极和消极之分。积极的激情与理智和较强的意志相联系,它能激励人们克服困难,成为正确行动的推动力;消极的激情则会使人的自制力和控制力下降,缺乏自信心。营销活动中只有促使消费者产生积极的激情,才有可能促成销售。

3. 应激

应激是在出乎意料的情况下所引起的激情状态。在应激状态下,人们做出的行为反应是与个人的性格特征、知识经验及意识品质等密切相关的。在营销活动中,应尽量避免不必要的应激状态的出现;如果出现,则应保持头脑冷静,以保证营销工作的成功。

4. 热情

热情是一种稳定的、强有力的、深刻的情感。它表现为以坚定的意志努力达到目的。消费者的热情总是指向某一个具体的目标,在热情的推动下购买某种产品。在营销活动中,要利用各种手段,唤起消费者的热情,促使其产生购买欲望。

(三)情绪与情感的联系与区别

情绪和情感之间既有联系,又有区别。情绪一般是短时间内与生理需要相联系的一种体验,比如喜欢、气愤、忧愁等情绪形式。情感是长时间内与社会性需要相联系的一种稳定的体验,如道德感、理智感、美感等。

1. 联系

1)情绪的各种变化一般都受已形成的情感制约,而人们的情感又总是在变化着的情绪中得到体现。例如,某企业的商品质量好,信誉高,消费者对它产生了信任感,就会进而产生喜悦和满意的情绪。

2)二者同受消费者需要的影响。例如,购物场所、服务、商品等,符合消费者的需要,从而产生满意、愉快、赞叹等情绪和情感的体验。反之会产生不满意、烦恼、厌恶等情绪和情感的体验。

3)消费者的情绪和情感并非对所有商品或消费活动都会产生。只有与消费者自身需要相关的事物,才能引起其消费情绪和情感。

2. 区别

(1)情绪和情感所赖以产生的需要不同

情绪通常是人的心理体验,是较低级的心理现象,它与人的生理需要是否获得满足相联系。例如,饮食需要的满足与否引起满意或不满意的体验。情感通常与人的社会需要是否得到满足相联系,包括荣誉感、集体感、责任感等。例如,受到尊重的需要、爱与被爱的需要等。

（2）情绪和情感的稳定性不同

情绪一般由特定条件所引起，并随着条件的变化而改变或消失。因此，情绪的表现形式比较短暂和不稳定。情感则不同，人一旦产生某种情感，就不易改变，而且能逐渐加强，具有较强的稳定性，是较高级的、深层的心理现象。

（3）情绪和情感的表现强度不同

情绪带有更多的冲动性和外显性，比如，欣喜若狂、手舞足蹈、暴跳如雷等。情感则显得意味深沉，而且经常以隐晦的形式存在或以微妙的方式流露出来。情绪一旦爆发，往往一时难以冷静或加以控制；情感一般始终在意识支配的范围内进行。

二、影响消费者情绪和情感的主要因素

（一）购买环境

购买环境对消费者的情绪有一定影响。购物环境的设施、照明、温度、声响及销售人员的精神风貌等因素能引起消费者的情感变化，还可能改变消费者原有的态度。

（二）商品

商品的各方面属性，如质量、功能、包装等，能否满足消费者的需要，是否令消费者满意和喜欢。当上述这些方面都符合消费者的要求时，消费者自然会对该商品产生好感，即产生积极的情绪体验。

（三）消费者的心理准备

消费者的需求水平越高、购买动机越强烈、购买目标越明确，其情绪的兴奋程度也就越高，并且购买动机转化为购买行为的可能性也越大。因此，大多数企业在推广新产品之前都会做大量的广告，使消费者在购物时有一定的心理准备，促使消费者调动情绪，这样就可以促成新产品的销售。

（四）服务

在消费者的购买过程中，销售人员的服务质量对消费者情绪和情感有着直接的影响，包括言谈举止、表情。这就要求营销人员在接待消费者时，提供礼貌、热情、周到、更具感染力的服务，带给消费者愉悦的心理体验，调动其购买欲望。

> **实例 2-4**　《阿凡达》以俗套剧情通吃全球市场
>
> 科学家发现，不仅我们"心中"感动，在大脑中也存在着对感情"共鸣"的区域。使用功能核磁共振成像技术，人们得以探索共情过程的大脑活动。他们让受试者观察他人的情绪状态表情，结果在大脑中激活了受试者本身产生这些情绪相同的大脑区域。即使是观察他人的厌恶表情，或是观察他人经受疼痛，大脑也都做出了与观察者本身经历这些情感过程同样的反应。
>
> 《阿凡达》其实也是一个关于共情的故事。贪婪的入侵者，全然不顾潘多拉星球居

民的感受，全然不带一丝的同情心，将生命之树拦腰折断；而最终潘多拉的获救，也正源于"潜伏"的人类与潘多拉居民相互的共情与信任。无论是在人类起源的最初，还是在遥远未来的智能生命体内，相信共情将是永不会断裂的人类重要的感情线。正是因为认识到了共情的强大作用，所以流行影视作品的编剧、导演才能够写出在全世界范围内都会受到欢迎的作品。

资料来源：京师心智，心理学常识速查速用大全集，2015。

以自身去理解和采纳别人感情的能力，其作用是如此强大。人类与其他动物最大的不同之处就是具备高级的情感心理。《阿凡达》利用观众的情感体验，感受情节中的悲欢离合，成为受观众欢迎的佳作。

第三节　消费者的意志过程

解读消费者的过程，不仅包括认识过程、情感过程，还包括意志过程。

一、消费意志

（一）意志的含义

意志是人们在社会实践中，为达到既定目的而采取自觉行动，以实现预定目的的心理现象。意志受情感的影响，也是认识过程进一步发展的结果。

（二）消费意志与认识、情感的关系

消费者心理活动的第一步由认识活动来完成，第二步由情感活动来完成，第三步由意志活动来完成。具体来说，三者之间的关系为：

1) 情感是一种特殊的认识，意志又是一种特殊的情感。
2) 认识一般是以抽象的、精确的逻辑推理形式出现；情感一般是模糊的非逻辑形式出现；意志一般是以潜意识的、随意的能动形式出现。
3) 认识解决"是什么"的问题，情感解决"为什么"的问题，意志解决"如何做"的问题。

因此，认识、情感与意志之间是相互依存的。认识是情感的源泉，情感是意志的源泉；认识以情感为导向，情感以意志为导向。

（三）消费意志的特征

1. 目的性

消费行为中，正是意志的目的性使消费者在行动之前明确购买目的，并有计划地根据购买目的去分析和调节自己的购买行为，以期实现购买目的。这些购买行为预先有明确的购买目的，并有计划地根据购买目的去支配和调节自己的购买行动，以期实现购买目的。

2. 能动性

消费意志通过能动性可以对消费心理和行为进行调节，这种调节包括发动和制止两个方面。发动是推动消费者去从事达到预定消费目的所必需的行动。制止是阻止不符合预定消费目的的行动。

3. 坚韧性

坚韧性意味着克服困难，并对预定目的予以坚持，这一过程就是消费者意志行动的过程。例如，在挑选商品时，面对几种自己都喜爱的商品，或遇到较高档的商品，但经济条件又不允许，或者自己对商品的内在质量难以判断，就会导致购买信心不足。这时必须考虑选择和重新物色购买目标或者克服经济上的困难去实现自己的购买目的。

二、消费者的意志表现

（一）采取决定阶段

采取决定阶段是意志行动的开始阶段，它决定着意志行动的方向和行动计划。对于多数消费者来说，不可能在同一时间内满足所有需要，因而就会发生购买动机的冲突。意志活动的第一表现就是解决这种冲突，根据需要的重要程度确定最主要的购买动机。其中还包括确定购物时间、购买场所、经济开支、商品购买的先后等，这些都需要在意志活动的参与下进行。

（二）执行决定阶段

执行决定阶段是消费者意志过程的完成阶段。它是根据既定的购买目的购买商品，把主观观念上的东西变为现实的购买行动。执行购买决定是真正表现意志的中心环节，它不仅要求消费者克服自身的困难，还要排除外部的障碍，为实现购买目的，付出一定的意志努力。

（三）效果评价阶段

这一阶段是在购买商品后，消费者在消费过程中的自我感觉和社会评价。购买商品后，消费者将评价自己的购买行为是否正确。这种评价也将对消费者以后的购买行为产生影响。

三、影响消费意志的因素

（一）认知经验

消费者过往积累的消费认知经验，是消费意志形成的重要影响因素。消费者对商品的认知程度越深，消费目的性就越强，消费目标就越明确，就越有利于促进消费意志的形成。

（二）消费情感

消费情感对消费意志的影响是最为直接的。消费者对商品的情感倾向使消费意志趋向于一个具体的目标，并形成自觉的行动。

（三）外部刺激

外部刺激强度越大，消费意志形成过程中受到的干扰就越大，消费的自觉性和克服困难的实现难度就会越大。外部刺激越持久，越容易使消费者的目标倾向于刺激物引导的目标方向。

（四）消费需要与动机

消费者的需要是产生一切消费心理活动的基础，消费者对某一需要满足的欲望越强烈，消费意志品质就会越坚定、越自觉。同样，消费动机越明确，消费意志越容易形成。

> **实例2-5　辛苦的球迷**
>
> 　　2006年德国世界杯足球比赛的地点有12个，赛程从北京时间2006年6月10日至2006年7月9日，历时一个月。世界各地的球迷蜂拥而至，为了观看比赛，许多铁杆球迷放弃工作，忍受言语不通和生活习惯的差异，甚至买高价票。而且，各参赛队的球迷还要追随球队在比赛城市之间辗转，更有甚者，到现场观看的巴西球迷为了省钱，从德国到波兰去住。这些球迷为了世界杯已经到了疯狂的地步，他们坚强的意志令人佩服。包括2010年7月南非世界杯中忍受满场鸣啦声的情景，都体现了球迷在热爱足球的情感驱使下如何凭借坚韧不拔的意志，克服种种困难，最终购买了自己心爱的足球比赛的门票。
>
> 　　　　　　　　　　　　　　　　　　　资料来源：柳欣，李海营，消费心理学（第3版），2014。
>
> 　　意志的坚忍性让球迷们欣赏到了自己最期望的球赛，见到了自己最崇拜的球员，满足了他们对世界杯最大的需求。

第四节　消费者的态度

一、态度的概念

态度是人们对于周围事物所持有的一种心理倾向，其表现就是肯定或否定、支持或反对、喜欢或不喜欢等。

消费者的态度就是消费者对消费对象的评价心理倾向，包括在商品或服务的购买使用过程中形成的评价反应。消费者对商品或服务的态度会直接影响其购买决策。而购买使用商品或服务的经验又会直接影响下一次的购买决策。

二、态度的构成

（一）认知成分

认知成分是消费者态度形成的基础，源于消费者对商品或服务的认知和理解。而消费者的认知程度又与消费者本身的知识水平和经验密切相关。

（二）情感成分

情感成分是消费者态度构成的核心，情感决定着消费者对商品或服务的情绪，包括喜欢和厌恶、满意和失望等。

（三）行为成分

行为成分是消费者对商品或服务产生的一种行为反应的倾向，也就是对即将做出行为做准备的一种状态。它是消费者在产生购买行为之前的一种意向。

（四）认知、情感、行为之间的关系

态度的三种构成成分是相互依存的关系，消费者对商品或服务先要产生认知，才会有情感的表现和判断，进而导致最终行为的倾向。一般情况下，三种构成成分的作用方向是一致和统一的。例如，消费者根据自己掌握的商品信息判断目前买轿车很优惠，而且本人也很喜欢，就会产生购买的意向。但是在某些特殊情况下三者也会相背离，产生冲突，呈现出反作用。例如，消费者并不太喜欢优惠价的轿车，但是因为价格对其吸引力很大，促成其购买倾向。虽然从消费者的感情上来看，与其他两项构成是相背离的，但消费者还是打算购买。

三、态度的特征

1. 社会性

态度受到消费者所处社会环境的影响，在消费者的生活实践中逐渐形成，它是与社会环境相互作用的结果。

2. 对象性

态度的产生有具体的针对性，指向某一特定的对象。

3. 协调性

态度构成的三个方面通常是协调一致的。

4. 稳定性

态度一旦形成，在之后的一段时期内不会轻易改变，具有相对稳定性。

5. 差异性

态度的形成受多种客观因素的影响和制约，因此消费者的态度会产生差异。不同的消费者对同一商品产生不同的态度，同一消费者在不同时期对同一商品也会持有不同的态度。

6. 间接性

态度是消费者的内在心理体验，其本身不能直接被观察到，只能通过消费者外在的行为表现进行推断分析。

四、拒绝购买态度的转化

（一）拒绝购买的类型

从购买心理的角度分析，拒绝购买的类型主要有随意拒绝、真正拒绝、隐蔽拒绝三种。

1. 随意拒绝

随意拒绝指消费者没有经过深思熟虑，只是出于本能的自我保护而拒绝购买某一商品，带有随意性的初步决定。原因有对商品认知度低；不能满足其心理需求；购买时间不紧迫等。

2. 真正拒绝

真正拒绝指消费者拒绝购买某一商品，是经过思考、想象等心理活动而最后决定的。原因有没有需求点；对商品不满意、不信任或有偏见等。

3. 隐蔽拒绝

隐蔽拒绝指消费者拒绝购买某一商品，出于某种心理需要不把真正的原因说出来，甚至是违心的，而真正拒绝的原因被隐蔽了起来。原因有商品价格超出消费者购买能力；个人对商品的认知度低，但又不愿显露等。

（二）消费者购买态度的转化

遇到消费者拒绝购买时，关键的问题在于转化消费者的购买态度：

1. 随意拒绝购买态度转化的基本方法

（1）提高消费者对商品的认知，根据不同类型的消费者，引导其接受新的商品信息。
（2）唤醒消费者的关联点和兴趣点，构建有益于他的体验画面。
（3）将商品的综合吸引力呈现出来，再次加深其对商品的印象。

2. 真正拒绝购买态度转化的基本方法

（1）接受消费者的拒绝理由，学会倾听和总结。
（2）开辟新的关联点和兴趣点，引导消费者去体验或尝试新的展示内容。
（3）抱着"买卖不成仁义在"的心态，为消费者营造有亲和力的购物氛围。

3. 隐蔽拒绝购买态度转化的基本方法

（1）尊重消费者隐蔽真实理由的事实，不戳破、不嘲讽。
（2）将商品的综合吸引力呈现出来，唤醒其他趋同的兴趣点和关联点。
（3）以过硬的专业知识赢得消费者的信任，增强其购买信心。

注意：在拒绝购买态度转化的过程中，各种类型的消费者会受到诸多因素的影响，不要急于求成，如果本次不能成功，也要为下次推销打好基础。

> **实例 2-6　献给母亲的爱**
>
> 　　前几年有个电视广告：画面上妈妈在溪边用手洗衣服，白发飘乱。镜头转换，是"我"给妈妈带来的威力洗衣机。接下来是妈妈的笑脸，画外音是："妈妈，我又梦见了村边的小溪，梦见了奶奶，梦见了您。妈妈，我给您捎去了一个好东西——威力洗衣机。献

给母亲的爱!"画面与语言相配合,烘托出一个感人的主题:献给母亲的爱。虽然整个广告只字未提洗衣机的优点,但却给人以强烈的情感体验。谁不爱自己的母亲呢?这个广告巧妙地把对母亲的爱与洗衣机相连,诱发了消费者爱的需要,产生了感情上的共鸣,在心中留下深刻美好的印象,对此洗衣机有了肯定、接纳的态度。因此,在广告有限的时空中以理服人地呈递信息,固然显得公正客观。但以情动人的方式,更容易感染消费者,打动他们的心。

资料来源:梁清山,消费心理学,2008。

通过渲染亲情,打动消费者的心,改变其情感成分,从而令消费者以肯定的态度接受商品,坚定消费者对威力洗衣机的购买信心。

案例分析 百事可乐

百事公司创始于1898年,是世界上最成功的快速消费品公司之一。1981年,百事公司进入中国市场。"新一代的选择"是百事可乐独特、创新、积极的品牌个性,鼓励新一代人对自己、对生命有更多的追求:1998年,全新口号"渴望无限"是人生态度,是百事可乐与全新一代的共同目标。由形象化到实践的升华,是一种更高层次的品牌核心价值,为百事可乐与目标消费者之间建立起了良好的沟通桥梁,在年轻人心中建立起了品牌形象。

百事可乐的品牌标志以蓝色为标识色,图案是红、白、蓝相间的球体,富有动感。标识的设计紧扣目标消费者的心理特点,并根据时代的变化不断修正。采用生动的、瞬息万变的立体图像,表现百事可乐的核心价值理念。全新百事圆球标识象征着一种与时俱进的精神,与目标消费者紧密联系在一起。

(1)独特的音乐营销

1998年1月,百事可乐与青春偶像郭富城合作,推出了"唱这歌"的MTV。身着蓝色礼服的郭富城以其活力无边的外形和矫健的舞姿,把百事可乐"渴望无限"的主题发挥得淋漓尽致,在亚洲地区受到年轻一代的普遍欢迎。

1998年9月,百事可乐在全球范围内推出最新的蓝色包装。为配合新包装的亮相,郭富城拍摄了广告片"一变倾城",这也是他新专辑的同名主打歌曲。蓝色"新酷装"百事可乐借助郭富城"一变倾城"的广告和大量的宣传活动,以"ask for more"为主题,随着珍妮·杰克逊、瑞奇·马丁、王菲和郭富城的联袂出击,掀起了"渴望无限"的蓝色风暴。

由郭富城和珍妮·杰克逊拍摄的"渴望无限"广告片,投资巨大、场面恢宏。"渴望无限"的歌曲由珍妮·杰克逊作曲,音乐从慢节奏过渡到蓝色节奏,最后变成20世纪60年代的House音乐,曲风华丽。郭富城美轮美奂的表演、性感的造型,加上珍妮·杰克逊大气的唱功,使整个广告片充满了浪漫色彩,尤其由来自不同地区、不同肤色的两位巨星共同演绎,更加引人注目。

王菲的歌曲在亚洲乐坛可谓独树一帜,她自创的音乐《存在》在"渴望无限"为主题的广告片中,不仅表现了她对音乐的执着追求与坚定信念,而且很好地诠释和体现了"渴望无限"的理念。

利用"渴望无限"的感性诉求表达出年轻一代的人生观和价值观:虽不能改变世界,但能从生活中获取精彩人生;追求独立自主的生活,对未来充满无限憧憬;深信世界充满机会,相信生命将会无比精彩。百事可乐将和年轻一代共同实践人生。

2002年，郑秀文和F4相继成为百事可乐广告代言人。

音乐的传播与流行得益于听众的传唱，百事可乐的音乐营销战略的成功在于它感悟到了音乐的沟通力，一种互动式的沟通。好听的歌曲旋律，打动人心的歌词，都是与消费者沟通的最好语言，品牌理念自然而然地深入了人心。

（2）网络营销

百事可乐的网络广告活泼，无论是画面构图，还是动画人物，都传达着一种"酷"的感觉。2000年，拉丁王子瑞奇·马丁、"小甜甜"布兰妮和乐队Weezer先后出现在百事可乐的广告中。从NBA到棒球，从奥斯卡到古墓丽影游戏、电影，百事可乐的网络广告总能捕捉到青少年的兴趣点和关注点，将"渴望无限"的品牌理念与年轻一代的兴趣点、关注点结合起来。

2001年中国申奥成功，百事可乐在网络广告中独具匠心，实现了品牌的激情无限与气势非凡的内涵画面的精彩结合，用动感的水滴传达出百事可乐充沛的活力。百事可乐把申奥前的"渴望无限"和申办成功后的"终于解渴了"整合在一起，语意双关，把中国人民对奥运会的期盼与百事可乐巧妙地联系在一起，产生了极佳的沟通效果，做成的全屏广告带来了很大的冲击力，与当时的气氛同频共振，在短短的四小时里，点击数高达67 877人次。百事可乐与目标消费者共同支持申奥，心灵相映，情感相通，收到了良好的社会效果，品牌的社会形象得以大大提高。

同时，在百事可乐中英文网站中，还设有百事足球世界、精彩音乐、游戏等相关内容，不仅增加了网站的娱乐性与趣味性，而且吸引了网民的注意力。线上与线下的互动保持了百事可乐广告的连续性和一致性，实现了媒介的有效结合。

消费者对品牌认识的心理定律流程为：品牌信息→注意→感知→记忆→联想→购买动机→试用→评价→态度→口碑→信任→强化→情感共鸣（忠诚）。而品牌标识引起消费者的注意，激发其联想，进而产生情感认同。百事可乐充分利用音乐和品牌标识来营销，让消费者在得到百事可乐相关信息时，能够在心目中唤起记忆和联想，以及感觉情绪。

资料来源：平建恒，王惠琴，消费者行为分析，2008。

【案例分析题】

百事可乐的各种营销策略，如利用明星、音乐、网络等来宣传品牌理念，是如何在年轻一代消费者中产生积极效应的？请从消费者心理活动过程角度进行分析。

本章小结

在市场营销活动中，消费者需求和消费者行为的千差万别都与消费者的心理活动有关。因此，要想摸清商品交易中的消费者行为，必须以科学的态度去揭示和掌握商品交易中消费者的心理活动规律。本章着重述了消费者心理活动过程的基本理论，包括认识过程、情感过程和意志过程，并且分析了它们在营销活动中的应用。

练习题

一、单项选择题

1. （   ）是人脑对直接作用于感觉器官的当前客观事物的个别属性的反应。

　　A. 感受　　　　　　B. 感觉　　　　　　C. 认识　　　　　　D. 知觉

2. 心理学上把客观事物作用于人脑后，由人脑产生出这一事物的形象叫作（　　）。
   A. 意志　　　　　B. 记忆　　　　　C. 表象　　　　　D. 想象
3. （　　）解决"如何做"的问题。
   A. 认识　　　　　B. 感情　　　　　C. 思维　　　　　D. 意志
4. 情感成分是消费者（　　）构成的核心。
   A. 态度　　　　　B. 认识　　　　　C. 感觉　　　　　D. 注意

二、多项选择题

1. 消费者一般心理过程包括人的（　　）三个方面。
   A. 认识　　　　　B. 感知　　　　　C. 意志　　　　　D. 情感
   E. 情绪
2. 态度的特征包括（　　）。
   A. 社会性　　　　B. 对象性　　　　C. 协调性　　　　D. 稳定性
   E. 差异性
3. 情绪可分为（　　）四类。
   A. 热情　　　　　B. 心境　　　　　C. 激情　　　　　D. 性情
   E. 应激

三、简答题

1. 情感和情绪的区别与联系是什么？
2. 什么是意志？消费者意志实现分为几个阶段？
3. 什么是消费者知觉？请举例说明。

实训项目

观察并分析消费者消费心理活动的过程

一、实训目的

培养学生在营销活动中的现场观察和分析的能力。

二、实训内容

1. 以小组为单位，利用课后业余时间到某个销售现场实地观察，记录消费者现场购买行为表现。
2. 根据消费者的购买行为表现分析其消费心理活动过程。

三、实训要求

1. 按教学班级进行分组，每组5～8人，按组进行观察。
2. 各小组成员针对观察分析结果分别进行陈述，在课堂中交流。
3. 由每组成员分工完成分析报告的撰写。
4. 各小组之间对各组的分析结果进行交换评定。

第三章

消费者的个性心理

学习目标

能力目标
- 能掌握个性心理因素对消费心理和消费行为的影响。
- 能将掌握的个性心理因素有效运用在市场营销过程中。

知识目标
- 能对消费者的气质、性格、能力和兴趣进行分析。
- 能掌握气质、性格、能力和兴趣的含义。

引导案例

某商场的意见征询

某大型商场为了改善服务态度，提高服务质量，于是向消费者发出意见征询函。其中，有一条征询内容是"如果您去商场退换商品，售货员不予退换怎么办？"，商场要求被征询者写出自己遇到这种情况时的做法。被征询者的答案主要有以下几种。

1）耐心诉说。尽自己最大努力，慢慢解释退换商品的原因，直至得到解决。

2）自认倒霉。自己安慰自己，告诉自己商品又不是商场生产的，自己吃点亏，就当长经验了。

3）灵活变通。先换个好说话的售货员要求退换。倘若不行，再找营业组长或值班经理解释退换的原因，直至解决问题。

4）据理力争。坚决与售货员争论到底，倘若得不到解决，便会通过媒体让其曝光或向工商管理局、消费者协会投诉。

资料来源：汤丽萍，曹虎山，廖波，消费心理学，2012。

【引入问题】
1. 上述四种答案各反映出消费者的哪些气质特征？
2. 不同气质特征的消费者分别会表现出什么样的消费态度？销售人员应如何应对？

第一节 消费者的气质

一、气质的定义

从消费心理学的角度看，气质是指个体与生俱来的、典型的、稳定的心理特征。这些动力特征主要表现在心理活动过程的强度、速度、稳定性、灵活性及倾向性上。其中，心理活动的强度指人的情绪体验的强弱、意志力的强弱、耐受力的大小等；心理活动的速度指知觉的敏锐度、思维的敏捷性等；心理活动的灵活性指情绪的稳定性、注意力集中时间的长短等；心理活动的倾向性指对外部世界或内心世界的倾向。

气质作为个体典型的心理动力特征，是在先天生理素质的基础上，通过生活实践，在后天条件的影响下形成的。由于先天遗传因素的不同及后天生活环境的差异，不同个体之间存在多种个别差异。这种差异会直接影响个体的心理和行为，从而使每个人的行为表现出独特的风格和特点。例如，有的人热情活泼、表情丰富、行动敏捷、善于交际，有的人则比较冷漠、不善言谈、行动迟缓、自我体验较为深刻。

气质作为个体稳定的心理动机特征，一经形成便会长期保持下去，并对人的心理和行为产生持久影响。但是，随着生活环境的变化、职业的熏陶、所属群体的影响及年龄的增长，人的气质也会有所改变。因此，气质的稳定性是相对的，它会随着年龄的增长、环境的变化，特别是在教育的影响下，发生不同程度的变化，即气质具有可塑性。当然，这一变化是缓慢的、渐进的。

此外，作为动力特征，气质还可以影响个体进行活动的效率和效果。在消费活动中，不同气质的消费者由于采取不同的行为表现方式，如态度的热情主动或消极冷漠、行动的敏捷或迟缓等，往往会产生不同的活动效率和消费效果。这一特征也正是人们在消费心理学研究中关注气质研究的意义所在。

二、气质的类型（主要从体液学说分析）

（一）体液学说

早在公元前 5 世纪，古希腊的著名医生希波克拉底就提出了气质学说的体液学说，他认为人的气质是由体液的类型和数量决定的。

他认为人体内有血液、黏液、黄胆汁和黑胆汁四种液体，并根据这些液体的混合比例不同，把人的气质分为多血质、黏液质、胆汁质、抑郁质四种类型。其中，血液比例占优势的属于多血质，黏液比例占优势的属于黏液质，黄胆汁比例占优势的属于胆汁质，黑胆汁比例占优势的属于抑郁质。

用体液学说来解释气质，虽然缺乏科学根据，但这种分类与日常生活中概括出来的四种气质类型比较吻合，所以关于气质的这种分类一直沿用至今。

（二）主要类型

以体液学说作为气质类型的基本形式，以生理学家巴甫洛夫的高级神经活动作为气质类型的物理学依据，通常把人的气质类型划分为以下四种基本类型。

（1）胆汁质。这种气质的人的高级神经活动类型属于兴奋型。他们的情绪兴奋性高，抑制能力差，反应速度快但不灵活，心境变化快。各种心理活动特别是情感和行为动作不仅产生得迅速，而且进行得强烈，并有极明显的外部表现。这种人比较热情和坦率，性情易急躁且好争论；情感易于冲动但却不持久，喜怒形之于色；注意力稳定而集中，难以转移；意志坚定、果断和勇敢；行动利落而又敏捷；说话速度快且声音洪亮；行为鲁莽冒失；

精力十分充沛，生龙活虎。这种气质类型的典型代表人物有《三国演义》中的张飞、《西游记》中的孙悟空和《水浒传》中的鲁智深。

（2）多血质。这种气质的人的高级神经活动类型属于活泼型。他们的情绪兴奋性高，外部表露明显。各种心理活动特别是情感和行为动作发生得快，变化得也快，但却比较温和。这种人易于发生情感，但体验不太强烈。情感不持久，也易于变化和消失，并且显著地表现于外。他们对于各种事物都容易形成生动逼真的印象，但所形成的印象都较肤浅而不深刻。他们机智灵敏，注意力易转移、动摇而不稳定。在意志方面缺乏忍耐力，毅力不强。这种人举止很敏捷，说话很快，易跟人接近，容易适应变化的生活条件，在新环境中从不拘束，不甘寂寞，喜欢交际，但失于轻浮。这种气质类型的典型代表人物有《三国演义》中的曹操、《西游记》中的猪八戒和《红楼梦》中的王熙凤。

（3）黏液质。这种气质的人的高级神经活动类型属于安静型。各种心理活动特别是情感和行为动作进行得迟缓、稳定，缺乏灵活性。这种人情绪含蓄、淡薄、宁静，他们很少产生激情，并且缺乏生动的表情，情感不容易外露，遇到不愉快的事也不动声色，依旧泰然自若。他们的注意力稳定持久而难以转移。在意志方面具有耐性，自制力强，能够控制自己，严格恪守工作制度和生活秩序，但勇于革新的精神不够。行动迟缓稳健，很少见迅速活泼的动作，做起事来总是从容不迫，谨慎细致而不鲁莽，沉默寡言，言语也低沉缓慢且缺乏生气。这种气质类型的典型代表人物有《三国演义》中的诸葛亮、《西游记》中的唐僧和《红楼梦》中的薛宝钗。

（4）抑郁质。这种气质的人的高级神经活动类型属于抑制型。各种心理活动特别是情感和行为动作都相当缓慢、迟缓和柔弱。这种人容易发生情感并且体验深刻，在生活或工作中遇到不幸或挫折时会感到苦闷，并且有时会多愁善感，情感细腻，程度虽弱，但却很持久，隐晦而不易表露在外。他们的观察力敏锐，善于觉察他人观察不到的细微事物，敏感性较高。在意志方面显得胆小怕事，遇事优柔寡断、犹豫不决。行为缓慢、迟钝和软弱，说话慢吞吞地，不喜交际，非常孤僻。这种气质类型的典型代表人物有《三国演义》中的周瑜和《西游记》中的沙僧具有部分抑郁质特征，典型的抑郁质的代表人物是《红楼梦》中的林黛玉。

三、气质对消费者行为的影响

气质是人典型而稳定的个性心理特征，它必然影响着消费者的购买行为。不同气质类型的消费者通常表现出以下购买行为。

（一）胆汁质型消费者

这类消费者在选购商品时表情外露，心直口快，言谈举止显得匆忙，喜欢购买新颖奇特、标新立异的商品，且购买目标一经确定就会立即实施购买行为，而不愿意花太多时间反复比较和选择。他们到市场上就想急于完成购买任务，如果排队候购时间稍长或营业员的工作速度较慢，会激起其烦躁情绪。由于胆汁质型消费者的言行主要受感情支配，挑选商品时以直观感觉为主，不加以慎重考虑，所以其可能在短时间内不断改变购买决策。接待这类消费者时，营销服务人员动作要快捷、要有耐心，应答要及时。可向他们介绍商品的有关性能，吸引他们的注意和兴趣。另外，还要注意语言友好，不要刺激对方。

(二)多血质型消费者

这类消费者在购买过程中表情丰富,反应灵敏,善于交际,商品的外表、造型、颜色等对这类消费者影响较大,他们比较热情、开朗,通常会积极主动地向营业员咨询所要购买商品的信息,或者在购买商品时征询其他消费者的意见,但其易受广告宣传和营业员的诱导,注意力容易转移,兴趣忽高忽低,行为易受感情的影响。在购买过程中,会主动告诉别人自己购买某种商品的原因和用途;喜欢向别人讲述自己的使用感受和经验;即便自己不知道,也希望从别人那里了解到。接待这类消费者时,营销服务人员应主动介绍、与之交谈,注意与他们联络感情,以促使其购买;另外,与他们聊天时,应给予指点,使他们专注于商品,缩短购买过程。

(三)黏液质型消费者

这类消费者在选购商品时比较认真、冷静、慎重,善于控制自己的感情,不易受广告宣传、商品包装及他人意见的影响和干扰。对各类商品,喜欢自己细心地比较、选择,喜欢独自选购商品,给人慢悠悠的感觉,有时会引起服务人员和其他消费者的不满。接待这类消费者时,营销服务人员要避免过多的提示和热情服务,否则容易引起他们的反感;要允许他们有自己认真思考和挑选商品的时间,接待时更要有耐心。

(四)抑郁质型消费者

这类消费者在选购商品时将情感深藏于内心,不易表露,表现得优柔寡断,千思万虑,挑选商品时自信认真,从不仓促地做决定,往往能发现商品的细微之处。但其不善表达个人的购买要求,且不愿与他人沟通,对于他人的介绍心怀戒备,将信将疑,态度敏感,也不太相信自己的判断,决策过程缓慢,常因犹豫不决而放弃购买。接待这类消费者时,营销服务人员要注意态度和蔼、有耐心;要对他们进行商品的详细介绍,以消除其疑虑,促成买卖;对他们的反复提问,应给予理解。

在商业活动中,消费者的气质特点,并不能从其一进商店就鲜明地表露出来,但在消费者一系列的购买行为中会逐步显露出来。在营销活动中,尽管也偶尔碰到四种气质类型的典型代表,但单纯偏向某种气质类型的人则不多,更多的人则是以某种气质为主,兼有其他气质。因此,消费心理学研究消费者气质类型及其特征,其目的就是提供一种理论指导,帮助营销服务人员学会根据消费者在购买过程中的行为表现,去发现和识别其气质方面的特点,进而引导和利用其积极方面,控制其消极方面,使工作更有预见性、针对性和有效性。

> **实例 3-1　看戏迟到不让进**
>
> 苏联心理学家以一个人去电影院看电影迟到为例,对人的几种典型气质做了说明。假如电影已经放映了,门卫又不让迟到的人进去,不同气质类型的人会有不同的表现。胆汁质型的人匆匆赶来之后,对门卫十分热情,又是问好又是感谢,急中生智想出许多令人同情的理由。如果门卫坚持不让他进门,他也会笑哈哈地离开。多血质型的人赶来之后,对于自己的迟到带着怒气,想要进去看电影的心情十分迫切,向门卫解释迟到的

原因时，让人感觉有些生硬。如果门卫坚持不让他进门，他就会带着怒气而去。黏液质型的人来了之后，犹犹豫豫地想进去但又怕门卫不让，微笑着、平静地向门卫解释迟到的原因，好像并不在乎电影早看一会儿或迟看一会儿。如果门卫一定不让他进去的话，他会很平静地走开。抑郁质型的人赶到的时候，首先可能会看一看迟到的人能不能进去，如果看到别人能够进去，也会跟进去，如果门卫不让他进，也不愿意解释迟到的原因，会默默地走开，最多只是责怪自己为什么不早一点来。

资料来源：臧良运，消费心理学（第 2 版），2015。

气质受到先天遗传因素不同及后天生活环境差异的影响，形成不同个体之间的多种差异。这种差异会直接影响个体的心理和行为，从而使每个人的行为表现出独特的风格和特点。

第二节　消费者的性格

"性格决定命运"性格是一个人对现实稳定的态度和习惯化的行为方式，不同的人具有不同的性格；不同性格的人，对待问题的态度不同。

一、性格的定义及与气质的关系

（一）性格的定义

性格是个人在个体生活中形成的，对现实的稳固态度及与之相适应的习惯了的行为方式。例如，在待人处事中表现出果断豪爽、大公无私、乐于助人，对待自己则表现为谦虚、自信等，都反映了人们自身的性格特点。由此可见，性格就是由各种特征所组成的有机统一体。每一个人对现实的稳固态度有着特定的体系，其行为的表现方式也有着特有的样式。由于一个人在对待事物的态度和行为方式上总是表现出某种稳定性倾向，所以他人就能预见他在某种情况下将如何行动。所以说，一个人的性格不只会说明他做什么，还会说明他如何做。

人的性格不是天生的，人的实践和人的内部世界都制约着性格的发展，它的形成过程是主体与客体相互作用的过程。任何性格特征不是一朝一夕形成的，它是从儿童时期就开始不断受到社会环境的影响、教育的熏陶，结合自身的实践，经过长期塑造而成的。人所处的社会环境，具体来说，就是家庭、学校、工作岗位、所属社会团体及各种社会关系等。一个人的性格是较稳定的，同时又是可塑的。在新的生活环境和教育的影响下，在社会新的要求影响下，通过实践活动，一个人的性格可以逐渐改变。

（二）性格与气质的区别与联系

由于性格与气质相互制约、相互影响，因而在实际生活中，人们经常把二者混为一谈。例如，有人常说某人的性格活泼好动，有的人性子太急或太慢，其实讲的是气质特点。性格与气质是既有区别又有联系的两种不同的个性心理特征。

1. 性格与气质的区别

气质更多地受个体高级神经活动类型的制约，主要是先天的；而性格更多地受社会生活条件的制约，主要是后天的。气质是表现在人的情绪和行为活动中的动力特征（即强度、速度等），无好坏之分；而性格是指行为的内容，表现为个体与社会环境的关系，在社会评价上有好坏之分。气质可塑性极小，变化极慢；性格可塑性较大，环境对性格的塑造作用较为明显。

2. 性格与气质的联系

性格与气质的联系是相当密切而又相当复杂的。相同气质类型的人可能性格特征不同；性格特征相似的人可能气质类型不同。具体来讲，二者的联系表现为以下三种情况。

其一，气质可按自己的动力方式渲染性格，使性格具有独特的色彩。例如，同是勤劳的性格特征，多血质的人表现为精神饱满，精力充沛；黏液质的人会表现为踏实肯干，认真仔细。同是友善的性格特征，胆汁质的人表现为热情豪爽，抑郁质的人表现为温柔。

其二，气质会影响性格形成与发展的速度。当某种气质与性格有较高的一致性时，就有助于性格的形成与发展，相反则会有碍于性格的形成与发展。如胆汁质的人容易形成勇敢、果断、主动的性格特征，而黏液质的人就很难形成类似的性格特征。

其三，性格对气质有重要的调节作用，在一定程度上可掩盖和改造气质，使气质服从于生活实践的要求。如飞行员必须具有冷静沉着、机智勇敢等性格特征，在严格的军事训练中，这些性格的形成就会掩盖或改造胆汁质者易冲动、易急躁的气质特征。

二、性格的特征

性格是由许多个别特征组成的复杂心理结构。由于每个人性格特征组合的情况及表现形式不同，因而形成了千差万别的性格。从总体上看，根据一个人对现实的态度及其在心理过程中表现出的特点，性格的结构特征可以从以下四个方面分析。

（一）性格的态度特征

性格的态度特征是一个人处理社会各方面关系时具备的性格特征，即他对社会、集体、他人的态度，对工作、劳动、学习的态度及对待自己态度的性格特征。好的性格态度特征表现为忠于祖国、热爱集体、关心他人、认真负责等；不好的性格态度特征表现为对集体漠不关心、自私自利、蛮横粗暴、狂妄自大等。这些态度特征的有机结合，构成起主导作用的性格特征，属于道德品质范畴，是性格的核心。

（二）性格的意志特征

性格的意志特征是一个人对自己的行为自觉进行调节的性格特征，表现在个人自觉控制自己的行为及行为努力程度方面。良好的意志特征主要表现为有远大理想、独立自主、坚忍不拔等；不良的意志特征主要表现为鼠目寸光、盲目性强、优柔寡断等。

（三）性格的情绪特征

性格的情绪特征是一个人表现为情绪对人的行为活动的感染程度，以及情绪受意志控制程度。良好的情绪特征主要表现为善于控制自己的情绪，情绪稳定；不良的情绪特征主要表现为无论事情大小都容易引起情绪反应。

（四）性格的理智特征

性格的理智特征是一个人在认知活动中的性格特征。例如，思维活动的精确性：有人深思熟虑，看问题全面；有人缺乏主见，人云亦云。想象中的现实性：有人现实感强，有人富于幻想。

三、性格的类型

消费者的性格是在购买行为中起核心作用的个性心理特征。消费者之间千差万别的性格特征，同样会体现在各自的消费活动中，从而形成不同的消费行为。性格在消费行为中的具体表现，可以从不同角度进行多种划分。

（一）按消费态度划分，可以分为节俭型、保守型和随意型

1. 节俭型

这类消费者在消费观念和态度上崇尚节俭，喜欢简单的生活方式，认识事物、考虑问题比较现实。在选购商品的过程中较为注重商品的质量、性能及实用性，以物美价廉作为选择标准，而不在意商品的外观造型、色彩、包装装潢、品牌及消费时尚，不喜欢过分奢华、高档昂贵、无实用价值的商品。节俭是中华民族的传统美德，尽管现在的生活水平比以前提高了很多，但购买消费品还是应该精打细算，讲究实用性。此类消费者在我国为数众多，尤其是中年消费者居多。

2. 保守型

这类消费者在消费态度上较为严谨，生活方式刻板，性格内向、固执，态度严谨，怀旧心理较重，习惯于传统的消费方式，对新产品、新观念持怀疑态度，选购商品时喜欢购买传统的和有过多次使用经验的商品，而不愿冒险尝试新产品。

3. 随意型

这类消费者在消费态度上比较随和，生活方式自由而随意，联想丰富，没有长久稳定的看法，在选购商品方面表现出较大的随意性，选择商品的标准多样化，常根据实际需求和商品种类的不同，采取不同的选择标准，同时也会受到外界环境及广告宣传的诱导。

（二）按购买行为方式划分，可以分为习惯型、慎重型、挑剔型和被动型

1. 习惯型

这类消费者在购买商品时习惯参照以往的经验，一旦他们对某一品牌的商品熟悉并产生偏爱后，便会经常重复购买，形成惠顾性购买行为，很难受社会时尚、潮流的影响，不轻易改变自己的习惯。

2. 慎重型

这类消费者在性格上大多沉稳、持重，做事冷静、客观，情绪不外露。选购商品前，做周密考虑，广泛收集有关信息，根据自己的实际需要并参照以往的购买经验，进行仔细、慎重的比较权衡，然后做出购买决定。他们在购买过程中受外界的影响较小，不易冲动，具有较强的自我抑制力。

3. 挑剔型

这类消费者在性格上表现为意志坚定、独立性强、不依赖他人，在选购商品时一般都具有一定的购买经验和商品知识，强调主观意愿，自信果断，很少征询或听从他人的意见，对售货员的解释、说明常常持怀疑和戒备心理，观察商品细致深入，检查商品非常仔细，有时甚至过于挑剔。

4. 被动型

这类消费者在性格上比较消极、被动、内向。由于缺乏商品知识和购买经验，对商品的品牌、款式等也没有固定的偏好，在选购过程中往往缺乏自信和主见；希望得到别人的帮助。这类消费者的购买行为常处于消极、被动状态。

（三）按个体活动的独立程度划分，可以分为独立型和顺从型

1. 独立型

这类消费者有主见，能独立自主地对商品进行判断和选择，不易受外界因素影响，他们是一个家庭购买决策的关键人物。

2. 顺从型

这类消费者态度随和，生活方式大众化，一般不会购买标新立异的商品，但也不受固于传统，比较容易顺从。他们的购买行为受相关群体影响较大，同与自己相仿的消费群体保持一致的消费水平，能够随着社会发展不断调节、改变自己的消费方式和习惯。

四、对不同性格消费者的营销策略

（一）对待选购快和慢的消费者的策略

消费者选购商品的速度有快有慢。一般来说，对于慢性消费者，营业员不能因为他们选购商品时间长就沉不住气，更不能急躁，显出不耐烦的表情；对于急性消费者，营业员对他们没有经过充分思考而匆忙做出的决定应该谨慎，适度提醒，防止他们后期退货；对于敏感性的消费者，营业员应根据他们的要求，需要买什么就拿什么，不要过多介绍商品的性能和特点，因为这类消费者对需要购买的商品的性能和特点早已心中有数，做好了必要的准备，对产品的要求很高。

（二）对待言谈多和寡的消费者的策略

在购买活动中，有的消费者爱说话，有的则沉默寡言。对于爱说话的消费者，营业员应掌握分寸，多用纯业务性语言，多讲营销行话，避免言语冲突；对于沉默寡言的消费者，营业员要根据其不明显的举动、面部表情和目光注视方向等因素，摸清他们挑选商品的重点是商品质量，还是商品价格，或是商品的花色外观，用客观的语言来介绍商品。这样就会使营业员和消费者很快找到共同语言，促使购买行为尽快实现。

（三）对待轻信和多疑的消费者的策略

轻信型的消费者对商品性能和特点不太了解，营业员应主动帮助他们出主意，查证商

品的质量,不要弄虚作假;多疑的消费者的主观意愿很强烈,对他人的意见有排斥感,应尽量让他们自己去观察和选定商品。

(四)对待积极和消极的消费者的策略

购买行为积极的消费者深知自己要买什么,购买意图清楚明确,行为举止和语言表达明确,营业员应主动和他们配合,促使其购买行为迅速实现;购买行为消极的消费者没有明确的购买目标,是否成交在很大程度上取决于营业员能否积极、主动、热情地接待他们,激发他们的购买热情,引发他们的购买行为。

(五)对待不同情感的消费者的策略

对待不爱交际的消费者,营业员应注意语言和语气,不能随便开玩笑,否则他们会难以接受;对待腼腆的消费者,营业员不要看不起他们,避免伤害他们的自尊心;对待温厚的消费者,营业员应主动向他们介绍商品,帮他们选择满足需要的商品。

第三节 消费者的能力

一、能力的含义

能力是指人顺利完成某项活动的本领,它是一种直接影响活动效率并使活动顺利完成的个性心理特征。例如,辨别力、观察力、形象记忆力、思维能力等。在实践中,任何单一的能力都难以完全胜任某种活动。要成功地完成一项活动,往往需要具备多种综合能力。活动的内容、性质不同,对能力的构成要求也有所不同。此外,能力的水平高低会直接影响个人完成活动的快慢、难易和巩固程度,从而直接影响活动的效率与效果。因此,在同一活动中,能力的综合构成与活动的要求相符,并且具有较高水平的,往往可以取得事半功倍的效果;反之则会事倍功半。

二、能力的分类

能力具有多种类型,通常按照其发挥作用的领域不同进行划分,具体可分为一般能力和特殊能力。

(一)一般能力

一般能力指人顺利完成各种活动所必备的基本能力,适合于多种活动的要求。如注意力、观察力、记忆力、判断力、比较能力、决策能力等。

1. 注意力

注意力指人的心理活动指向和集中于某种事物的能力。有的消费者很快就能买到自己所需要的商品,而有的消费者在商店里转了大半天也找不着自己所需要的商品。这种情况就是注意力的差异所致。

2. 观察力

观察力是个体对事物进行准确而又迅速感知的能力。观察力强的消费者，往往能很快挑选出自己满意的商品。如果消费者观察能力较差，则往往看不到商品的某种不太明显的优点或缺点，就可能失去买到优质商品的机会。

3. 记忆力

一个消费者能否记住某种商品的特性，关系到他能否有效地做出购买决策。有的决策是面对商品时做出的，而有的决策则是在没有见到商品的情况下做出的。在后一种情形中，记忆是一个关键因素。消费者一旦记住了其所需要的商品的特点、商标、产地等，那么就可以在没有走进商店之前就做出购买决策。

4. 判断力

判断力是消费者在选购商品时，通过分析、比较，对商品的优劣进行判断的能力。一般来说，判断力强的消费者，能迅速果断地做出买或不买的决策；反之，判断力差的消费者，经常表现为优柔寡断，有时甚至会做出错误的判断。这种能力也表现在对商品的使用中，有的消费者能迅速发现商品的优劣，做出正确的评价，而有的消费者则不能。

5. 比较能力

主要表现为比较哪种商品更适合自己的需要，哪种款式、哪种颜色更好等的能力。

6. 决策能力

当消费者选中了自己满意的商品，是否能下决心买下来，这还需要有决策能力。

（二）特殊能力

特殊能力是某种专门性活动所必需的知识和技能，它属于专业技术方面的能力。通常表现为以专业知识为基础的消费技能。比如高级衣料的鉴别能力，购买古玩、乐器的鉴赏能力。倘若不具备特殊能力而去购买某些专业性商品，则很难取得满意的消费效果，甚至无法发挥所购商品应有的使用效能。

除此之外，特殊能力还包括某些一般能力高度发展而形成的优势能力，比如创造力、审美能力等。在实践中，有些消费者具有强烈的创造欲望和高度的创造能力，他们不满足于市场上已有的商品和既定的消费模式，而力求发挥自身的聪明才智，对商品素材进行再加工和再创造，通过创造性消费，展示和实现自己的个性与追求。例如，耐克近年推出了可由客户自行设计颜色和款式的运动鞋，客户在充分显现其独特个性与品位的同时，体现出较高的创造能力。在满足物质需要的基础上，通过商品消费美化生活环境、美化自身，是现代消费者的共同追求。有些具有较高品位和文化修养的消费者，在商品美学价值评价与选择方面显示出较高的审美情趣与能力，这种能力往往使他们在服饰搭配、居室装饰布置、美容美发、礼品选择等方面获得较大的成功。

三、能力的差异

人与人之间在能力上存在差异。正是这些差异，决定了人们的行为活动具有不同的效率和效果。能力的差异主要表现在以下几个方面。

（一）能力水平的差异

能力水平的差异表现在同种能力的水平高低上，能力水平的高低又集中体现在人的智商水平的差异上。

人类的智力差异从低到高有许多不同的层次。但智力水平呈正态分布。超常和低常智力的人只占少数，在3%～5%；大部分人的智力为正常水平，如果一个人在某一方面有杰出的才能，即其能力得到高度的发展和最完善的结合，便称为天才。天才并非是和常人迥然不同的另一种人，绝不是天降之才。我国著名数学家华罗庚说："根据我自己的体会，所谓天才就是靠坚持不懈的努力，聪明在于学习，天才在于积累。"

（二）能力类型的差异

能力类型的差异主要指人与人之间具有不同的优势能力。例如，有的人善于抽象思维，有的人善于形象思维；有的人善于模仿，有的善于创造；有的人擅长社交，有的则不善交际。在消费实践中，消费者能力类型的差异更有意义。正是由于消费者在能力类型上千差万别，才使消费活动的效率与效果明显不同。

（三）能力表现时间的差异

人的能力不仅在水平和类型上存在差异，而且在表现时间的早晚上也有明显不同。例如，有的人天生早慧，有的人则大器晚成。消费者能力表现的早晚，主要与后天消费实践的多少及专门训练程度有关。

四、能力对消费者行为的影响

消费者的能力特性与消费行为直接相关，其能力差异必然使他们在购买和使用商品过程中表现出不同的行为特点。具体可以分为以下几种典型类型。

（一）成熟型

这类消费者通常具有全面的能力结构。他们对于所需要的商品不仅非常了解，而且具有长期的购买和使用经验，对商品的性能、外观、质量、价格、市场行情、生产情况等方面的信息非常了解，其内行程度甚至超过销售人员。因此，在购买过程中，他们通常注重从商品的整体角度综合评价各项性能，能够正确辨认商品的质量优劣，很内行地在同类或同种商品之间进行比较，并强调自我感受及商品对自身的适应性。这类消费者由于具有丰富的商品知识和购买经验，加之有明确的购买目标和具体要求，所以他们在购买现场往往表现得比较自信、坚定，自主性较高，能够按照自己的意志独立做出决策，而无须他人帮助，并较少受外界环境及他人意见的影响。

（二）一般型

这类消费者的能力结构和水平处于中等状况。他们通常具备一些商品方面的知识，并掌握有限的商品信息，但是缺乏相应的消费经验，主要通过广告媒体、他人介绍等途径来了解和认识商品。因此，这类消费者对商品了解的深度远不及成熟型消费者。在购买商品之前，这类消费者一般只有一个笼统的目标，缺乏对商品的具体要求，因此他们很难对商品的内在质量、性能、价格、适用条件等提出明确的意见，同时也难以就同类或同种商品之间的差异进行准确比较。限于能力水平，这类消费者在购买过程中往往更乐于听取销售人员的介绍和厂商的现场宣传，经常主动向销售人员或其他消费者进行咨询，以求更全面地汇集信息。由于商品知识不足，他们会表现出缺乏自信和独立见解，需要在广泛征询他人意见的基础上做出决策，因而容易受外界环境的影响。

（三）缺乏型

这类消费者的能力结构和水平均处于缺乏和低下状态。他们不仅不了解有关的商品知识和消费信息，而且不具备任何购买经验。在购买商品之前，这类消费者往往没有明确的购买目标，仅有一些模糊的意识和想法；在选购过程中，对商品的了解仅建立在直觉观察和表面认识的基础上，缺乏把握商品本质特征及消费信息内在联系的能力，因而难以做出正确的选择；在做决策时，经常表现得犹豫不决，极易受环境的影响和他人意见的左右，其购买行为常常带有很大的随意性和盲目性。很显然，这种能力状况对于提高消费效果是极为不利的。但是，这种状况通常仅存在于对某类不熟悉商品或新产品的消费中，以及不具备或丧失生活能力的婴幼儿、老年人和残疾人消费者中。

实例 3-2　购买电脑的差异性

王某和李某是会计专业的同班同学，王某性格内向，人称"林妹妹"，对电脑知识了解不是很多；李某性格外向，体格健硕，对电脑比较通晓。二人在购买电脑时表现出了很大的差异性。购买前：王某借阅了大量有关电脑的书籍，向老师、同学咨询，最后决定和李某买一样的，而李某只是在网上查找了自己要买的联想牌电脑的报价；购买中：王某到电脑公司后，看到了宏碁电脑在搞促销，在营业员的劝说下买了宏碁电脑，由于促销，当天没人送货，王某只好花了 30 元雇人把电脑送到学校。李某凭借自己掌握的知识和议价能力，以优惠的价格买到了他喜欢的联想电脑，而且是自己搬回学校的。

资料来源：臧良运，消费心理学（第 2 版），2015。

从消费者个人能力来讲，个人能力强的消费者，在发生购买行为时，会根据自己的专业知识及经验购买自己中意的产品，而个人能力较弱的消费者，就会表现出不同的购买习惯。因此个人能力的差异同时影响着购买行为。

第四节　消费者的兴趣

一、兴趣的含义

兴趣是人们探究某种事物或从事某项活动时产生的个性心理倾向。它表现为个体对某种事物或从事某种活动的选择性态度和积极的情绪反应。兴趣是一种特殊的需要形式，也是产生动机最活跃的因素，反映了人的认识倾向，也从侧面反映了人的个性。例如，对音乐感兴趣的人总是首先注意有关音乐方面的报道，他们的认识活动优先指向与音乐有关的事物，并且表现出积极的情绪反应。一般来说，如果我们对自己所从事的事业很感兴趣，那么，我们的思想常常集中和倾向于自己的事业及其中的问题，在日常交往和谈话中，也总是把话题转到这方面来，这就是所谓的"三句离不开老本行"。由此可见，兴趣是人们从事各项活动的重要推动力。

二、兴趣的特征

（一）倾向性

兴趣的倾向性指兴趣所指向的客观事物的具体内容和对象。比如有的人喜欢文学，所以喜欢购买大量的文学类图书；有的人喜欢体育，除了经常参加体育活动、观看电视转播的体育比赛，还会购买相关的体育用品；有的人喜欢音乐，可能会购买音乐会的门票。兴趣的倾向性与人的生活实践和教育背景有关，并且受一定的社会历史条件制约。

（二）广泛性

兴趣的广泛性指个体兴趣的范围。在兴趣的范围上，个体之间有着很大的差异。有的人兴趣范围广泛，对许多事物和活动都兴致勃勃，有的人则兴趣范围狭窄，常常对周围的一些活动和事物漠然处之。兴趣的程度和个人的知识面的宽窄密切相关。一般来说，个人兴趣越广泛，学习的知识越丰富，越容易在事业上取得成就。历史上很多卓越的人物都有广泛的兴趣和渊博的知识。

（三）稳定性

兴趣的稳定性指个体兴趣的稳定程度。在人的一生中，兴趣会随着人的阅历的增长而发展变化，但在一定时期内，能够保持基本兴趣的稳定性，这是个体良好心理品质的一种体现。比如，消费者共同对某一品牌商品感兴趣，有的人可能长期、习惯性地一直购买该品牌；而有的人只使用一段时间后就改换其他品牌了。人有了稳定的兴趣，才能把工作持续地进行下去，从而把工作做好，取得创造性的成就。没有稳定的兴趣，就会三心二意，一事无成。

（四）效能性

兴趣的效能性指兴趣对人们行动的推动作用。根据个体兴趣的效能水平，一般把兴趣分为有效的兴趣和无效的兴趣。有效的兴趣能够成为推动工作和学习的动力，把工作和学习继续深入，促使个体能力和性格的发展。无效的兴趣不能产生实际效果，仅是一种爱好。

（五）差异性

兴趣的差异性指人的兴趣有着极大的差别。兴趣的深度、广度和稳定性与消费者的年龄、性别、职业和文化水平有着直接的联系，影响着消费者行为的倾向性与积极性。有些人兴趣范围广泛，琴棋书画样样爱好；有的人对什么事情都不感兴趣，百无聊赖。有的人对某物、某事兴趣相当稳定，简直到了着迷的程度；有的人则见异思迁，很难有稳定的兴趣对象。

三、常见的兴趣类型

由于兴趣具有个别差异的特征，所以反映到消费者购买商品种类的倾向性上，有以下几种常见类型。

（一）偏好型

消费者兴趣的指向性形成对一定事物的特殊喜好。此类消费者的兴趣非常集中，甚至可能带有极端化的倾向，直接影响到他们购买商品的种类。有的消费者千方百计寻觅自己偏好的商品，不惜压缩基本生活开支而购买某类商品，甚至到了成癖的地步，如有些收藏家，就是这类消费者。他们有时为一张邮票、一盆花而费尽心机，倾其所有。

（二）广泛型

这类消费者具有多种兴趣。他们对外界刺激反应灵敏，易受到各种商品广告、宣传、推销方式的吸引或社会环境的影响，在购买商品时不拘一格。

（三）固定型

此类消费者兴趣持久，往往是某些商品的长期消费者。他们的购买行为具有经常性和稳定性的特点。与偏好型消费者的区别在于尚未达到成癖的地步。

（四）随意型

此类多为兴趣易变的消费者。他们一般没有对某种商品的特殊偏爱或固定的消费习惯，也不会成为某种商品长期的忠实消费者，他们容易受到周围环境和主体状态的影响，不断转移兴趣的对象。

四、兴趣对消费者行为的影响

消费者的兴趣对购买行为有着非常重要的影响，兴趣是人们行为的动力之一。消费者对某种商品产生兴趣时，往往会主动收集有关信息，积累相关知识，为未来的购买行为做足准备。实践表明，兴趣与认识、情感相联系。对事物没有认识就不会产生兴趣，我们不会对自己一无所知的事物产生兴趣；在产生兴趣的过程中也会伴随这样或那样的情感，而且对事物的认识越深刻，情感越强烈，兴趣就会越深厚。反过来，对事物越感兴趣，对情感的激发就越有力，对主体认识活动的促进作用就越大。因此，兴趣不仅能反映人的心理特点，还会对主体的行为产生重大的影响。在购买过程中，兴趣对促进消费者的购买行为有明显的影响，主要表现为以下三点：

1）兴趣会影响消费者的购买活动。兴趣与注意密切相关，凡是人们感兴趣的事物，必然会对它予以关注，并对其产生深刻的印象。消费者如果对某种商品产生兴趣，往往会在其生活中主动地收集这种商品的相关信息、资料,积累相关的知识,有计划地储蓄资金,从而为未来的购买活动做准备。

2)兴趣能使消费者缩短购买过程,尽快做出购买决定并加以执行。消费者在选购某种感兴趣的商品时,一般总是心情愉快、精神集中,态度积极认真。而且在购买前,对该商品已经有了相当的了解,因而会缩短对该商品的认识过程,在兴趣倾向性的支配下,易于做出购买决策,完成购买任务。

3)兴趣可以刺激消费者对某种商品重复购买或长期使用。由于兴趣的原因,消费者会产生对某种商品的偏好,养成购买习惯。

总之,兴趣对消费者的购买行为起着重要的作用。消费者在选购感兴趣的商品时,总是带有喜欢、高兴、满意等情感,营销服务人员可通过观察消费者对商品的兴趣程度,揣摩消费者的心理倾向,从而正确地引导消费者的兴趣,更好地开展营销活动。

案例分析

消费者的不同气质特征

本章引导案例中的征询内容反映了消费者个性心理特征中的四种不同的气质特征。

第一种反映了消费者黏液质型气质。具有这类气质的消费者情绪稳定、有耐心、自信心强,购买态度认真。当他耐心诉说时,销售人员要有耐心。

第二种反映了消费者抑郁质型气质。具有这类气质的消费者多疑、动作迟缓、优柔寡断,销售人员要有足够的耐心,多做介绍,才有可能导致其购买行为的发生。

第三种反映了消费者多血质型气质。具有这类气质的消费者活泼热情,性格外向。对于这类消费人群,销售人员应主动接近,与之交谈。

第四种反映了消费者胆汁质型气质。具有这类气质的消费者易冲动,忍耐性差。当他据理力争时,销售人员要注意态度和善,语言友好,千万不要刺激对方。

资料来源:全国药品网,另类卖点独辟蹊径 OTC营销成功案例分析,2011-06-10。

【案例分析题】
1. 针对不同气质特征的消费者,如何采取有效的营销手段赢得消费者?
2. 针对不同气质特征的消费者,如何改善服务态度,提高服务质量?

本章小结

本章从消费者的气质、性格、能力、兴趣四个基本概念入手,介绍了消费者的气质、性格、能力和兴趣的特征,分析了个性心理与消费者行为之间的关系,从而有针对性地对不同个性心理的消费者采取不同的营销手段。

练习题

一、单项选择题

1. 早在公元前5世纪,古希腊的著名医生(　　　)就提出了气质学说的体液学说,认为人体的状态是由体液的类型和数量决定的。
　　A. 希波克拉底　　B. 克雷奇默　　C. 古川竹二　　D. L.Berman
　2. 比较热情和坦率，性情易急躁且好争论；情感易于冲动但却不持久，喜怒形之于色；注意力稳定而集中，难以转移；意志坚定、果断和勇敢；行动利落而又敏捷；说话速度快且声音洪亮；此类人属于（　　）气质类型。
　　A. 胆汁质型　　B. 多血质型　　C. 黏液质型　　D. 抑郁质型
　3.（　　）消费者一般都具有一定的购买经验和商品知识。他们在选购商品时，主观性强，很少征询他人意见，善于观察别人不易观察到的细微之处，检查商品极为仔细，有时甚至达到苛刻程度。
　　A. 慎重型　　B. 挑剔型　　C. 被动型　　D. 冲动型

二、简答题
1. 什么是能力？它一般有哪些种类？
2. 什么是兴趣？如何培养与激发消费者的兴趣？

三、判断题
1. 从消费心理学的角度看，气质是指个体与生俱来的、典型的、稳定的心理特征。（　　）
2. 兴趣可以刺激消费者对某种商品重复购买或长期使用。（　　）
3. 能力是指人顺利完成某项活动的本领，它是一种直接影响活动效率并使活动顺利完成的个性心理特征。（　　）
4. 性格标志着某个人的行为和其行为的结果，它不可能有害于社会。（　　）
5. 能力可分为一般能力和特殊能力。（　　）

实训项目

消费心理分析

一、实训目的
培养对消费者不同个性心理特征的分析和研究。

二、实训内容
到学校附近大商场做现场观察，注意消费者购买商品时的特点，分析消费者的个性心理，并观察销售人员的销售情况。评价本次现场销售情况，分析销售人员与消费者的气质类型与特点，结合销售结果提出促销方案。

三、实训要求
1. 按教学班级进行分组，每组5～8人，按组进行调查。
2. 小组成员针对观察情况逐一陈述分析。
3. 由每组组长负责完成分析报告的撰写。

第四章
消费者需求与消费者购买行为

学习目标

能力目标
- 初步具备判别消费者需求的能力。
- 初步具备分析消费者购买行为的能力。

知识目标
- 能理解消费者需求的产生与分类。
- 能掌握消费动机的特征、分类及诱导因素。
- 能掌握影响消费者购买的主要因素。

引导案例

运动经济将迎爆发期

如今,晒美食不再时髦,晒运动记录才显得"高大上"。由于对健康的关注和运动社交化的影响,"互联网+"运动已成新风尚。特别是随着手机晒步的兴起,运动软件、运动手环大行其道,从一双跑鞋到一套专业的跑步装备,从下载一款运动 App 软件到形成自己的运动社交圈,运动串起了一个庞大的产业链,"运动经济"正悄然成形。

2016 年国家体育总局发布《体育产业发展"十三五"规划》中指出,到 2020 年,中国体育产业总规模要超过 3 万亿元,从业人员数超过 600 万人,产业增加值在国内生产总值中的比重达 1.0%,体育服务业增加值占比超过 30%。未来体育消费将迎来新一轮爆发期。

中央财经大学体育经济与管理学院林琼教授认为,我国经济已由高速增长阶段转向高质量发展阶段,经济增长日益转向更多地依靠消费、服务业和国内需求。全民健身引领的运动经济也在逐渐从粗放走向精细,从制造主导拓展到更多服务领域,在面对市场关切方面,反应更加迅速灵敏。

林琼表示,人们参与运动的目的不同,收入水平和消费意愿不同,渴望从中得到的收获不同,健身市场需求呈现多元化趋势。随着信息技术不断发展,特别是电子商务、大数据应用等日趋成熟普及,数据挖掘技术可以协助开发更多潜在市场需求,为消费者带来更优质的体验。

资料来源:西安晚报,2017-12-15。

【引入问题】
为什么运动经济如此火爆?这一现象与消费者需求有何关联?

第一节 消费者需求

一、消费者需求的概念

消费者需求指消费者有能力购买并且愿意购买某种产品的欲望，它是需要的反映，是需要与实际购买能力相结合的产物，是营销的基本出发点。企业的任何营销包括内部管理活动都应该是以消费者需求为依据和线索的，从发现消费者需求入手，精心按照消费者的需求组织经营，最后满足消费者需求。

在现实生活中，人们的消费需求是多种多样的。由于消费者各自的生活环境、职业、兴趣爱好、经济收入、社会地位等条件不同，其需求也就五花八门。另外，不同的国家、民族和个人，不同的消费习惯、审美标准、消费方式及不同的时代，也会反映出不同的消费特点。尽管如此，在商品经济的社会里，消费者购买商品或服务的欲望与需求有以下几个方面的基本特征。

1. 消费需求的多样性

由于消费者的收入水平、文化程度、职业、性别、年龄、民族和生活习惯的不同，自然会有不同的爱好和兴趣，对消费品的需求也是千差万别的。这种不拘一格的需求，就是消费需求的多样性。

2. 消费需求的发展性

随着生产力的发展和消费者个人收入的提高，人们对商品和服务的需要也在不断发展。过去未曾消费过的高档商品进入了消费视野；过去消费少的高档耐用品，现在被大量消费；过去消费讲求价廉、实惠，现在追求美观、舒适等。

3. 消费需求的伸缩性

消费者购买商品，在数量、品级等方面均会随购买水平的变化而变化，随商品价格的高低而转移。其中，基本日常消费品需求的伸缩性比较小，而高中档商品、耐用消费品、穿着用品和装饰品等的选择性强，消费需求的伸缩性就比较大。

4. 消费需求的层次性

如前所述，人们的需求是有层次的，各个层次之间虽然难以截然划分，但还是有次序的。一般来说，总是先满足最基本的生活需要（生理需要），即满足"生存资料"的需要，然后再满足社会交往需要和精神生活需要，即满足"享受资料"和"发展资料"的需要。也就是说，消费需求是逐层上升的，首先是满足低层次的需要，然后再满足较高层次的需要。随着生产的发展和消费水平的提高，以及社会活动范围的扩大，人们消费需求的层次必然逐渐向上移动，由低层向高层倾斜，购买的商品更多地为了满足社会性、精神性要求。

5. 消费需求的时代性

消费需求常常受到时代精神、风尚、环境等的影响。时代不同，人们的消费需求和爱好也会不同。例如，随着人们文化水平的提高，对高档商品的需要日益增多。这就反映了消费需求的时代性。

6. 消费需求的可诱导性

消费需求是可以引导和调节的，也就是说，通过企业营销活动的努力，人们的消费需求可以发生变化和转移。潜在的欲望可以变为明显的行动，未来的需求可以变成现实的消费。

7. 消费需求的联系性和替代性

消费需求在有些商品上具有关联性，消费者往往顺便关联购买。例如，出售皮鞋时，可能附带售出鞋油、鞋带、鞋刷等。所以经营有关联的商品，不仅会给消费者带来方便，而且能提高销售额。有些商品有替代性，即某种商品的销售量增加了，同时另一种商品的销售量就会减少。如食品中的肉、蛋、鱼、鸡、鸭等，其中某一类销售多了，其他的就可能会减少；洗衣粉销量上升了，肥皂销量就会下降等。

二、需求分析的心理依据

现代市场营销必须以消费者需求为中心。而消费者需求是在需要和欲望的基础上产生的，所以人类的需要和欲望是市场营销的出发点。

1. 需要

需要是人们的一种心理现象，它表现为人们对客观事物的渴求和欲望，是促成人们行动的直接导因和原动力。当消费者只有购买消费品的欲望，而无能力支付时，就只是需要；只有当他既有对消费品的欲望，又有支付能力时，才是需求。

例如，一个有着 100 万户居民的地区，居民都需要一台电视机，但是在一定价格水平下，只有 15%的家庭对电视机有支付能力，这样，该地区对电视机的有效需求将是 15 万台，而不是 100 万台。

2. 需求

需求是有购买意愿并且有能力购买某种具体产品的欲望，即有购买力的欲望。

用公式可表示为

$$需求=欲望+购买力$$

需要是产生需求的前提条件，但是市场营销者并不创造需要，因为需要存在于市场活动之前。

欲望是在需要的基础上产生的，市场营销者可以影响人们的欲望，如通过改善产品、降低价格、加强广告宣传等方式向人们推荐某特定产品，以满足其特定的需要，进而吸引人们的注意力。

消费者的需求是在欲望的基础上产生的，当商品的价格符合消费者的支付能力，而且容易得到时，消费者就会实现其需求。

美国心理学家亚伯拉罕·马斯洛的"需求层次论"具有广泛的影响。他认为，人类的一切行动都基于需求。他将需求分为五个层次，并认为需求是从低级到高级递进的；生理需求是最低层次的需求。一般来讲，只有最低层次需求获得满足后，才会产生高级的需求；未满足的需求是购买者动机和行为的源泉和动力；当一种需求获得满足后，它就失去了对行为的刺激作用。这五个层次分别对应的产品和诉求的举例见表 4-1。

表 4-1 需求的五个层次分别对应的产品和诉求举例

需求	产品	促销诉求
自我需求	高尔夫俱乐部	享受时光
尊重需求	豪华轿车	公路在握
社交需求	项链坠	向她表示你在乎
安全需求	轮胎	跳过障碍
生理需求	早餐麦片	自然动力之源

三、消费者需求的分类

1. 负需求

负需求（Negative Demand）指目标市场消费者不喜欢某种产品或服务，如近年来许多老年人为预防各种老年疾病而不敢吃甜点心和肥肉，又如有些消费者害怕冒险而不敢乘飞机，或害怕化纤纺织品中的有毒物质损害身体而不敢购买化纤服装。市场营销管理的任务是分析人们为什么不喜欢这些产品，并针对目标消费者的需求重新设计产品，重新定价，进行更积极的促销，或改变消费者对某些产品或服务的不正确看法，诸如宣传老年人适当吃甜食可促进脑血液循环，乘坐飞机出事的概率比较小等。

三鹿"三聚氰胺"奶粉事件爆发之后，多家著名奶制品企业，如蒙牛、伊利等纷纷被检测出其乳制品中含有三聚氰胺。一时间，人们对国内奶制品充满了不信任，纷纷用豆浆、果蔬汁、麦片粥来代替牛奶，国内奶制品销量大减。为了改变人们对牛奶的负面心态，各个奶制品企业的高层纷纷采取措施，包括在电视节目、各大超市带头喝牛奶，以证明自己产品的质量，请消费者放心。同时，在牛奶价格上采取大幅度的优惠，吸引购买。在产品研发上积极开发新产品，吸引人们的注意力。经过一系列的努力，终于在一定程度上挽回了人们对国内奶制品的不信任，重新获得了部分失去的市场份额。

2. 无需求

无需求（No Demand）指目标市场消费者对某种产品从来不感兴趣或漠不关心。市场营销者的任务是创造需求，通过有效的促销手段，把产品利益同人们的自然需求及兴趣结合起来，变无需求为有需求。

3. 潜在需求

潜在需求（Latent Demand）是指现有的产品或服务不能满足消费者的强烈需求。例如，老年人需要含有高植物蛋白、低胆固醇的保健食品，美观大方的服饰，安全、舒适、服务周到的交通工具等，但许多企业尚未重视老年市场的需求。企业市场营销的任务是准确地衡量潜在市场需求，开发有效的产品和服务，变潜在需要为现实需要。

许多年轻的消费者都希望尝试一些进口的物品，如进口零食、进口衣物等，但是由于实体店铺的价格都比较昂贵，旅行购买又不现实，所以这些愿望就被暂时搁浅。而淘宝网店的一些商家敏锐地发现了这一商机，开始在网上进行进口商品的代购业务，价格比实体店便宜不少，邮费也十分合理，可以选择的品种范围也相当齐全，赢得了消费者的好评。现在，淘宝网的代购业务已发展成为特色模块"全球购"，流程更加规范合理，让消费者"足不出户，代购全球"。

4. 下降需求

下降需求（Falling Demand）是指目标市场消费者对某些产品或服务的需求出现了下降趋势，如近年来城市居民对电风扇的需求已饱和，需求相对减少。市场营销者就要了解消费者需求下降的原因，或通过改变产品的特色，采用更有效的沟通方法再去刺激需求，即创造性地再营销，或通过寻求新的目标市场，以扭转需求下降的格局，变退却性需求为上扬性需求。

粗粮，比如玉米、燕麦、糙米，在人们吃上精米白面后就渐渐淡出了我们的生活。但是近些年，随着人们健康意识的不断增强，电视节目的大力倡导，以及怀旧意识的回归，人们对粗粮的消费又呈现出逐年上涨的趋势。

5. 不规则需求

不规则需求（Irregular Demand）是指许多企业常面临因季节、月份、周、日、时造成的对产品或服务需求的变化，而导致生产能力和商品的闲置或过度使用。比如公共交通工具，在运输高峰时不够用，在非高峰时则闲置待用。又如在旅游旺季时，旅馆客房供应紧张和短缺，旅游淡季时，旅馆空闲。再如节假日或周末时，商店拥挤，而平时，商店消费者稀少。市场营销的任务是通过灵活的定价、促销及其他激励因素来改变需求时间模式，这称为同步营销。

6. 充分需求

充分需求（Full Demand）是指某种产品或服务目前的需求水平和时间与期望的需求相契合，但消费者的需求会不断变化，因此竞争日益加剧。在这种情况下，企业营销的任务是改进产品质量及不断估计消费者的满足程度，维持现时需求，这称为"维持营销"。

7. 过度需求

过度需求（Overfull Demand）是指市场上消费者对某些产品的需求超过了企业供应能力，产品供不应求。比如，由于人口过多或物资短缺，引起交通、能源及住房等产品供不应求。企业营销管理的任务是减缓营销，可以通过提高价格、减少促销和服务等方式使需求减少。企业最好选择那些要求提供服务不多的目标消费者作为减缓营销的对象。减缓营销的目的不是破坏需求，只是暂缓需求水平。

8. 有害需求

有害需求（Unwholesome Demand）是指消费者对有害身心健康的产品或服务的需求，诸如烟、酒等。企业营销管理的任务是通过提价、传播恐怖及减少可购买的机会或通过立法禁止销售，称之为反市场营销。反市场营销的目的是采取相应措施来消灭某些有害的需求。比如香烟外包装上都会要求印有"吸烟有害健康"等字样。

实例 4-1

有这样一则故事：某跨国公司高薪聘请营销人员，出了一道"十日之内为公司尽可能多地把木梳卖给和尚赚钱"的考题，大多数应聘者作鸟兽散，仅剩A、B、C三人。

限期到，A君只卖出一把，据说还遭到寺内众僧责骂，幸亏一游僧动了恻隐之心，才解囊买下。

B君卖出10把。B君建议在寺庙的案前摆放木梳，目的是不让进香者蓬头垢面，亵渎神灵。

C君卖出1000把。C君向一盛名寺庙的方丈进言,让书法超群的方丈书写"积善"两字刻于木梳上,并取名为"慈悲梳",让善男信女"梳却三千烦恼丝,青灯黄卷绝尘缘",以显佛祖慈悲。方丈闻言大喜,此举一出盛名远,为求"慈悲梳"进山朝圣者踏破山门。

资料来源:张树夫,旅游消费行为,2004。

高层次的推销体现在没有需求也能设法创造需求。从需求上讲,和尚自己是不需要梳子的,但是通过挖掘梳子的象征意义,结合和尚所处的环境,聪明的C君仍然把梳子推销给了和尚!

第二节 消费者的购买动机

对消费者而言,需求产生消费动机,消费动机支配消费行为。在现实生活中,消费者各种各样的购物行为都是由于需求而产生的购买动机引起的。需求是消费者产生购买动机的基础,也是消费者行为的最初原动力,消费动机则是消费行为的直接驱动力。

一、购买动机的概念

购买动机,就是消费者在选购产品时的心理动力,是驱使消费者产生各种购买行为的内在原因。人们通常为了满足某种需求而受驱动,这种需求也许是有意的,也许是无意的;也许是物质的,也许是心理的。对消费者的购买动机进行分析,有助于觉察和掌握消费者进行购买的真实意图。

二、购买动机的特征

1)指向性:我要买什么?
2)目的性:我为什么要买这个?
3)主动性:"我要买",而不是"要我买"。
4)动力性:有点像"兴奋剂""强心剂"。
5)多样性:不同的消费者有不同的购买动机,同一消费者在不同时期、不同场合、不同情况下,也会有不同的购买动机。
6)组合性:消费者在购买某一种商品时,可能是出于一种购买动机,也可能是出于多种购买动机。

> **实例 4-2** 洞察消费者的真正动机
>
> 雀巢咖啡在中国市场的消费远远高于麦氏咖啡。雀巢咖啡是如何击败麦氏咖啡的呢？在20世纪80年代，麦氏咖啡和雀巢咖啡共同进入中国市场的时候，两家公司委托了不同的公司做市场调查。麦氏咖啡委托国际公司调查的结果是，向往西方文化的知识分子才会尝试喝咖啡，因为咖啡是舶来品。于是麦氏咖啡的广告语非常文雅："滴滴香浓，意犹未尽。"相反，雀巢咖啡通过市场调查，明确地知道目标消费者绝不只是大学教授、知识分子，因为在当时，大学教授一个月工资才100多元，而一杯雀巢咖啡当时是20多元。并且当时有一个特殊的现象，喝完雀巢咖啡的人都会把雀巢的罐子带到办公室当茶杯用，几个月后罐子上雀巢的标志依旧保持得非常好。
>
> 本来在国外一个非常普通的品牌，在我国却变成了一个炫耀的品牌，所以雀巢咖啡的广告语非常简单："味道好极了！"雀巢咖啡在炫耀其香浓诱人味道的同时，也洞察到消费者想炫耀高档饮品的内心想法。它的广告语天天在暗示味道好极了，天天在人脑海里进行灌输和心理暗示，习惯成自然，自然就认为雀巢咖啡味道就是好。麦氏咖啡错失良机，没有找准目标消费者内心对咖啡品牌的真正需求是什么，只能屈居雀巢咖啡之下。其广告语"滴滴香浓，意犹未尽"播了半年还有很多人以为是卖香油的。
>
> 资料来源：李光斗品牌营销网。
>
> 雀巢咖啡消费者的真正购买动机是求名动机，其基本心理就是显名和炫耀。因此，唯有真正了解到目标消费者看待此品牌的真实想法和心理感受，才能抢占市场，坐稳翘楚地位。

二、购买动机的基本类型

消费者的购买动机是复杂多样的。具体说来，消费者的购买动机主要有以下几个：

（1）求实动机

这是以注重商品或服务的实际使用价值为主要目的的购买动机。消费者在购买商品或服务时，特别重视商品的实际效用、功能质量，讲求经济实惠、经久耐用，而对商品的外观造型、色彩、商标、包装装潢等不大重视。在购买时大都比较认真仔细地挑选，也不太受广告宣传的影响。

（2）求新动机

这是以注重商品的新颖、奇特和时尚为主要目的的购买动机。这类消费者在购买商品时，特别重视商品的外观、造型、式样色彩和包装装潢等，追求新奇、时髦和与众不同，而对过时的东西不屑一顾。

（3）求美动机

这是以注重商品的欣赏价值和艺术价值为主要目的的购买动机。这类消费者购买商品时，特别重视商品对人体的美化作用、对环境的装饰作用、对其身体的修饰作用和对人的精神生活的陶冶作用，追求商品的美感带来的心理享受。

（4）求廉动机

这是以注重商品价格低廉，希望付出较少的货币而获得较多的物质利益为主要特征的购买动机。价格敏感是这类消费者的最大特点。他们在购买时不大看重商品的外观造型等，而是受处理价、优惠价、大特价、清仓价、跳楼价等字词汇的影响较大。

(5) 求名动机

这是一种以追求名牌商品或仰慕某种传统的名望为主要特征的购买动机。这类消费者对商品的商标、商店的招牌等特别重视，喜欢购买名牌产品，在购买时受商品的知名度和广告宣传等影响较大。

(6) 好胜动机

这是一种以争强好胜或与他人攀比并胜过他人为目的的购买动机。这类消费者购买商品主要不是为了实用，而是为了表现比别人强。

(7) 显耀动机

这是一种以显示地位、身份和财富势力为主要目的的购买动机。这类消费者在购买商品或从事消费活动时，不太重视消费支出的实际效用，而格外重视由此表现出来的社会象征意义，通过购买或消费行为体现出有身份、权威或名流的形象。

(8) 求同动机

这是一种以求得大众认可的购买动机。这类消费者在购买商品时，主要以大众化为主，跟上潮流即可，人有我有，不求创新，也不要落后，有时也称为从众动机。

(9) 便利动机

这是一种以方便购买、便于使用维护为主要目的的购买动机。在购买价值不高的日用品时，消费者常常具有这种购买动机。对于这类日用消费品，消费者经常购买、经常使用，购买时也不太认真挑选，讲求便利是其主要特征，他们对服务也有一定的要求。

(10) 偏爱动机

这是一种以偏爱某种商品、某个商标和某个企业为主要特征的购买动机。这类消费者由于经常使用某类商品的某一种，渐渐产生了感情，对这种商品、这个商标的商品或这个企业的商品产生了偏爱，经常指名购买，因此有时也称为惠顾动机。

实例 4-3　国人奢侈品消费独有的购买动机

英国《经济学人》杂志 2014 年 4 月 29 日发表的题为《中国对奢侈品的痴迷》的文章称，中国人热衷于在国外进行奢侈品消费的主要动机在于价格便宜、质量有保证，同时也是为了炫耀。另外，中国人对奢侈品的狂热还将持续下去。随着中国经济的高速发展，近年来人均收入显著增长，中国消费者能力、消费意愿明显提升。人们对消费品的需求已不仅满足于基本使用功能，而是更多地注重品质、品牌以及附加功能。曾经高不可攀的奢侈品已逐渐走进了中国富裕阶层的生活。中国成为全球奢侈品发展最快的市场，根据贝恩数据显示，2008～2012 年，中国奢侈品消费总额的"年均复合增长率"达到 27%。

资料来源：http://blog.sina.com.cn/s/blog_131246e950101if9j.html。

当一名营销人员企图去影响并主导消费者的行为时，他首先必须了解消费者背后的动机是什么。因为营销人员面临的最主要的挑战之一便是如何去发现这些消费者行为背后的主要影响力量，并且如何设计营销策略来引发并满足消费者的需求。

三、购买动机的诱导

(一) 诱导的产生

购买动机产生之后，就要设法激发购买行为的产生。一般情况下，市场营销者要针对自己所营销产品的类型和特点、市场的分类、目标市场的不同及市场定位的情况，了解、分析消费者购买自己产品的动机到底是什么，以及购买人的角色，营销者要研究如何才能激起消费者的购买动机，以引导其购买行为。在现实生活中，购买的动机得到强化，可以使消费者产生更为强大的购买力量，很容易产生购买行为。所以说，当消费者在购买与不买之间徘徊时，外力的加入（诱导）就显得极为重要了。

（二）诱导的方式

诱导是消费者在犹豫不决时，营销人员可采用的有效沟通方式，此时的诱导如果运用得当，就会起到四两拨千斤的作用。

如何对消费者的购买动机进行诱导，进而影响其购买行为呢？一般而言，要围绕影响消费者购买的环境因素进行诱导，也要根据影响购买行为的主要动机类型进行诱导。诱导的方式主要有以下几种。

1. 品牌强化诱导

消费者购买某种物品已经做出了决定，但是对于挑选哪个品牌却心里没底，在购买现场会表现为这个品牌的情况问一问，那个品牌的说明书也拿来看一看，很难做出选择。此时可运用品牌强化诱导方式，可以突出介绍一个品牌，详细说明它的好处，以及其他消费者对这个品牌的认识、感受，从而促进消费者的购买。

2. 特点补充诱导

当消费者对选择某一品牌已有了信念，但是对其产品的优缺点还不能做出判断时，可采用特点补充诱导方式。除了消费者重视的属性，再补充说明其他一些性能特点，可以通过品牌之间的比较进行分析，帮助消费者进行决策，刺激其购买。

3. 利益追加诱导

消费者对产品带给自己的利益是感性的、有限的，这就使消费者对商品的评价具有局限性，此时应利用利益追加诱导方式，增加消费者对某一品牌、某一品种商品的认识，提高感知价值。

4. 观念转换诱导

消费者对某一品牌的印象不深，往往是由于这个品牌的商品在消费者认为比较重要的属性方面还不突出，不具有优势。此时可以采用观念（信念）转换诱导方式，改变消费者对商品属性重要性的看法。

5. 证据提供诱导

有时消费者对于选择什么样的商品，选择什么品牌的商品都已确定下来了，但是还没有把握，怕有风险而犹豫不决。此时运用证据提供诱导方式，告诉消费者什么人买了，有多少人买了这种商品，促使其从众购买动机的强化，消除消费者的顾虑，也可以促成购买行为的产生。

有效的诱导，除了讲究方式方法之外，还要掌握好时机。一个人说话的内容无论如何精彩，如果时机掌握不好，也无法达到应有的效果，因为听者的内心往往随着时间的变化而变化。想要对方听从你的话或接受你的观点、建议，都要把握适当的时机。这就好比一个参赛的棒球运动员，作为一个击球手，虽然有良好的技术、强健的体魄，但是如果没有掌握好击球的"决定性瞬间"，迟了或者早了，都很难打出好球。另外，要想使诱导取得成功，还要注意克服一些不利因素的影响，比如消费者对推销员、售货员的不信任，就会造成对产品的不信任，对介绍内容的不信任。销售现场的环境也会影响诱导的效果。

第三节 消费者购买行为分析

一、消费者购买行为的含义

消费者购买行为指消费者为获取、购买、使用、评估和处置预期能满足其需要的产品和服务所采取的各种行为。

关于如何分析消费者的购买行为，市场营销学家归纳出以下 7 个主要问题：
1) 消费者市场由谁构成？（Who）——购买者（Occupants）。
2) 消费者购买什么？（What）——购买对象（Objects）。
3) 消费者为什么购买？（Why）——购买目的（Objectives）。
4) 消费者市场的购买活动有谁参与？（Who）——购买组织（Organizations）。
5) 消费者什么时间购买？（When）——购买时间（Occasions）。
6) 消费者在何地购买？（Where）——购买地点（Outlets）。
7) 消费者怎样购买？（How）——购买方式（Operations）。

为研究消费者购买行为，专家建立了一个"刺激—反应模式"来说明营销环境刺激与消费者反应之间的关系（见图 4-1）。

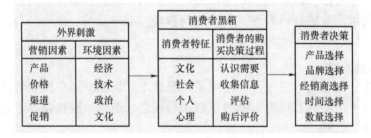

图 4-1 消费者购买行为模式

从这一模式中我们可以看到，具有一定潜在需要的消费者首先是受到企业营销活动的刺激和各种外部环境因素的影响而产生购买意向的，而不同特征的消费者对于外界的各种刺激和影响又会基于其特定的内在因素和决策方式做出不同的反应，从而形成不同的购买意向和购买行为。这就是消费者购买行为的一般规律。

二、影响消费者购买行为的因素

消费者的需要、欲望、消费习惯和购买行为是在许多因素的影响下形成的。消费者的购买行为深受社会、文化、个人和心理因素的影响（见图 4-2），且每种因素对消费者购买行为的影响程度都有所不同。下面分别阐述这四方面因素的具体内容及其对消费者购买行为的影响。

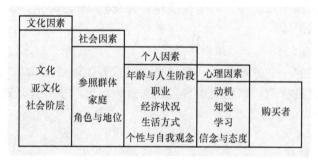

图 4-2　影响消费者行为的因素

（一）文化因素

文化因素对消费者的行为具有广泛和深远的影响，是造成不同区域、不同阶层消费者需求差异的重要因素。

1. 文化的特征

1）具有明显的区域属性。
2）具有很强的传统属性。
3）具有间接影响的作用。

2. 文化因素的内容

文化因素主要包括文化与亚文化、社会阶层等方面的内容。

（1）文化与亚文化

在每一种文化中，往往还存在着许多在一定范围内具有文化同一性的群体，他们被称为亚文化群，如国籍亚文化、种族亚文化、地域亚文化等。

（2）社会阶层

社会阶层是社会学家根据职业、收入来源、教育水平、价值观和居住区域对人们进行的一种社会分类，是按层次排列的、具有同质性和持久性的社会群体。同一阶层的人具有相类似的价值观、兴趣爱好和行为方式。

（二）社会因素

消费者的购买行为也经常受到一系列社会因素的影响。影响消费者购买行为的社会因素主要包括消费者的相关群体、家庭、角色与地位等。

1. 相关群体

（1）相关群体的概念

相关群体又称参照群体，指能够直接或间接影响消费者的消费态度、价值观念和购买行为的个人或集体。一个人的消费习惯、生活方式、对产品品牌的选择，都在不同程度上受相关群体的影响。相关群体对消费者购买行为的影响主要表现在：一是示范性，二是仿效性，三是一致性。

（2）相关群体的分类

相关群体可以按照不同的变量来分类：一是按照与消费者接触的密切程度不同，相关群体可分为主要群体和次要群体；二是按照是否存在较为正式的组织不同，相关群体可分为正式群体和非正式群体。

2．家庭

家庭是社会组织的一个基本单位，是社会中最重要的消费品购买单位，大部分的消费行为是以家庭为单位进行的。家庭对消费者购买行为的影响主要体现在三个方面：

1）家庭权威中心；

2）家庭规模；

3）家庭生命周期。

3．角色和地位

一个人在一生中会加入许多群体——家庭、企业及各类组织，每个人在各群体中的位置可用角色和地位来确定。角色是一个人所期望做的活动内容（即每个人在社会生活中都扮演自己应该扮演的角色，这里不仅意味着占有特定社会位置的人所完成的行为，同时也意味着社会、他人对占有这个位置的人所持有的期望）。首先，每一种角色都有与之对应的角色产品需求。其次，角色的转换引起消费者行为上的改变，往往会引起对新产品的需求。最后，角色冲突和角色紧张会引起对缓和这些冲突与紧张产品的需求。

（三）个人因素

消费者购买决策也受个人特性的影响，特别是受其年龄与性别、职业与教育、生活方式、个性及自我观念的影响。

1．年龄与性别

年龄与性别是消费者最为基本的个人因素，具有较大的共性特征。不同年龄层次和不同性别的消费者，客观上存在生理和心理上的差别。因此，所需的商品与服务也不尽相同，对同一商品或服务的评价、选择的角度及价值观念等也会存在很大差异。

2．职业与教育

职业与教育实际上是社会阶层因素在个人身上的集中反映。从事不同职业及受过不同程度教育的人会产生明显的消费行为差异，这主要是由于角色观念在起作用。

3．生活方式

生活方式反映了人们对怎样花费时间和金钱的态度及其所做的消费抉择的形式。从经济学的角度看，一个人的生活方式表明了他所选择的分配收入的方式及对闲暇时间的安排。

4．个性与自我观念

每个人都有与众不同的个性，即一个人特有的心理特征，通常用性格术语来描绘，如外向或内向，乐观或悲观，自信或自卑，活泼或文静，适应或保守，等等。与个性有关的另一种因素是自我观念，或称自我形象，即一个人在心目中认为自己是什么样的人，或认为在别人心目中是什么样的人。

(四) 心理因素

消费者的购买行为还受到动机、知觉、学习及信念和态度等主要心理因素的影响。

1. 动机

动机是一种升华到足够强度的需要,它能够及时引导人们去探求满足需要的目标。动机的产生必须具备两个条件:一是具有一定强度的需要;二是具有满足需要的目标和诱因。

消费者的动机一般分为三种类型:感情动机、理智动机与惠顾动机。

2. 知觉

心理学认为,当客观事物作用于人的感觉器官时,人脑就会产生反应。这种反应如果只属于事物的个别属性,就称为感觉;如果是对事物各种属性的各个部分及其相互关系的综合反应,则称为知觉。知觉过程是一个有选择性的心理过程,它有三种机制:选择性注意、选择性扭曲和选择性保留。

3. 学习

学习是人们经过实践和经历而获得的,能够对行为产生相对永久性改变的过程。学习论者认为,消费者的学习是通过驱动力、刺激物、提示物(诱因)、反应和强化的相互影响而产生的。消费者的学习模式如图4-3所示。

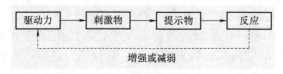

图 4-3 学习模式

4. 信念和态度

(1) 信念

信念指人们对事物所持有的自己认为可以确信的看法。这个看法的根源是人们坚信某事物可以带给自己或自己所代表的群体一定的利益。因此,消费者对企业产品或服务的信念可以建立在科学的、经验的、偏见的、误传的基础上。

(2) 态度

态度指个人对某些事物或观念长期持有的好与坏的认识评价、情感感受和行动倾向。态度导致人们对某一事物产生或好或坏、或亲或疏的感情。

综上所述,消费者的购买行为是文化、社会、个人和心理因素之间相互影响和作用的结果。其中很多因素是企业及其市场营销活动无法改变的,但这些因素在识别诸如哪些消费者对产品有兴趣等方面起着很大的作用。其他因素则受到企业及其市场营销活动的影响,企业借助有效产品、价格、地点和促销管理,可以诱发消费者的强烈反应。

三、消费者购买行为类型

(1) 根据消费者行为的复杂程度和所购商品本身的差异性大小,可将消费者购买行为分为复杂型、和谐型、习惯型和多变型四种类型。

1) 复杂型。指消费者初次购买差异性很大的耐用消费品时发生的购买行为,如购买电脑。

2）和谐型。指消费者购买差异性不大的商品时发生的一种购买行为，如买纸、笔等文化用品。

3）习惯型。这是一种简单的购买行为，是一种常规反应行为，如买香烟。

4）多变型。这是为了使消费多样化而常常变换品牌的一种购买行为。

（2）按消费者的购买动机和个性特点，消费者购买行为可划分为六种类型。

1）理智型购买。指经过冷静思考之后采取的购买行为，它是从产品长期使用的角度出发，经过一系列深思熟虑之后才做出的购买决定。一般来说，购买者在做出这种购买决定前，通常都会仔细考虑质价是否匹配、开支大小、产品的可靠性及维修服务等因素。以这类消费者为销售对象的产品，在营销上必须采取相应的合理方法，即必须使广告、销售促进、产品开发、定价及分销等活动对理智型的购买者起到号召作用。

2）感情型购买。指出于感情上的原因，即感情动机而产生的购买行为。引起感情购买动机的主要因素包括感觉上的感染力；祈求安全长寿，避免痛苦和危险；显示地位和威望等。上述这些购买动机，营销者都必须研究和掌握，以便采取相应的营销策略，使所生产或经营的产品更适销对路，符合不同消费者多种多样的要求，扩大产品销售。

3）习惯型购买。这类消费者对某些商品往往只偏爱其中一种或数种品牌，购买商品时，多数习惯于选取自己熟知的品牌。当然，消费者的习惯不是不可改变的。因此，企业应针对这一类型的消费者，努力提高产品质量，加强广告推销宣传，创名牌、保名牌，在消费者心中树立良好的产品形象，使其成为消费者偏爱、习惯购买的对象。

4）经济型购买。经济型购买行为为重视价格，对外形、包装不太关注。至于质量，虽然也做质价比较，但往往价重于质。为此，营销者应适应市场需要，生产或经营一定的经济实惠的品种，可充分满足大多数消费者的需要。

5）冲动型购买。这类消费者易受产品外观、广告宣传或相关人员的影响，决定轻率，易于动摇和反悔。这类消费者是促销过程中应大力争取的对象。

6）不定型购买。这类消费者通常是年轻人，新近才开始独立购物，易于接受新的产品。他们的消费习惯和消费心理正在形成之中，尚不稳定，缺乏主见，没有固定偏好。

四、消费者购买决策过程

消费者购买决策包含了从确认需求到决定购买，以及购后行为等环节，是一个系统的消费者购买活动过程。

1. 确认需求

消费者购买决策过程，是从消费者认识到自己有某种需求开始的。这种需求可以是消费者内在的生理需求引起的，如肚子饿了想吃东西；也可以是消费者受到外界刺激而引起的，如看到别人买了新车，自己也想购买一辆；或者是这两方面因素共同作用的结果。因此，营销人员应该注意把握时机，采用恰当的营销技巧，以唤起或强化消费者的各种需求。

2. 收集信息

在确认需求的基础上，消费者开始寻找满足需求的途径。消费者可以通过对相关信息

的外部搜寻和内部搜寻来实现,即从外界或从自己的经验和记忆中寻找信息。主要有以下四个方面:

1)个人来源——家庭成员、亲朋好友等。
2)商业来源——商品广告、人员推销、展销会、经销商等。
3)公共来源——大众媒介、消费者权益组织等。
4)经验来源——实际操作、接触和使用产品的经验等。

其中,个人来源和公共来源对消费者的影响较大。

3. 评估商品

消费者在收集到相关信息的基础上,结合自己的目标需求对信息进行分析、评估和选择,确定最适合的购买方案,这是决策过程中的核心环节。在这一过程中,营销人员应注意以下几点:

1)消费者在选购商品时所考虑的最关键的问题是商品的性能,这是他们对商品最关注的方面。
2)因为消费者的需求不同,他们对各种商品性能的理解及接受度不同,关注的侧重点也会有差异,因此,对商品的评估标准和结果也会不同。
3)大部分消费者对商品的评估,是将实际商品同自己理想中的商品相比较,从而得出评估结论。如果二者吻合度高,就会选择购买,否则就可能放弃。

结合消费者对商品的评估过程,营销人员应做到有的放矢、灵活应对,尽力实现消费者满意度最大化。

4. 决策购买

消费者对相关商品信息进行比较、评估、选择后,其购买意向已经基本确定,然而到做出决定购买之前,还会受到两种因素的影响:

1. 他人的态度

他人的态度对消费者的影响,一方面取决于所持反对态度的强度,另一方面取决于持反对态度者与购买者的亲密度。二者越强烈,消费者改变购买意向的可能性就越大。

2. 未预期的情况

一些不能预期的突发情况的出现,如失业、意外事件、市场行情变动等,也有可能令消费者改变购买意向。

当所有购买障碍都排除后,消费者将会做出一个选择,形成购买决定。

5. 购后行为

消费者购买到商品后,还会产生一系列的购后行为,包括对商品购后的评估以及购后的一些活动。

消费者购后的评估主要取决于消费者对该商品的预期与其实际性能之间的比较。购买后的满意程度高,消费者会重复购买并向他人推荐;反之则会采取消极态度。因此,商品的购后活动包括消费者自己对商品的态度、是否重复购买该产品,以及对其他消费者的影响。

消费者购买决策的这五个阶段,全面地反映了消费者的购买活动。营销人员应根据这一过程中的不同阶段特点,在实际工作中采取不同的营销策略,积极地为消费者提供更满意周到的服务,促使其形成合理良性的购买行为,同时为商品和企业树立良好的形象。

案例分析

不一样的旅行

"十一"假期之际,甲、乙、丙、丁四人决定外出旅游。其中,甲决定到一个环境优美的乡村去亲近大自然、体验田园生活,乙决定到沙漠探险、挑战自我极限,丙决定到邻近的城市探访自己的亲朋好友、联络一下感情,丁决定到城市周边的景点悠然地待上几天、放松身心。四人最终都达成了自己的心愿,度过了一个愉快的假期。

资料来源:https://wenku.baidu.com/view/c821538ec281e53a5902ff01.html。

【案例分析题】
是什么原因导致人们旅游行为的差异,尤其是"旅游目的地选择行为"的差异?

本章小结

消费者需求指消费者有能力购买并且愿意购买某种产品的欲望,它是需要的反映,是需要与实际购买能力相结合的产物。而对消费者而言,需求产生消费动机,消费动机支配消费行为。在现实生活中,消费者各种各样的购买行为都是由于需求而产生的购买动机所引起的。

消费者需求有七个特征、八个类型。

消费者的购买动机可以分为十个基本类型。

购买动机产生之后,就要设法激发购买行为的产生,引导其购买行为,最终促成交易。

影响消费者做出消费决策的因素主要有文化因素、社会因素、个人因素和心理因素。

练习题

一、单项选择题

1. 消费者购买商品,在数量、品级等方面均会随购买水平的变化而变化,随商品价格的高低而转移。这体现了消费者需求特性中的(   )。
   A. 多样性　　　　B. 伸缩性　　　　C. 发展性　　　　D. 层次性

2. 为适应人们对健康的要求而上市的酸奶机,其成功源于商家将消费者的(   )转变为正需求。
   A. 潜在需求　　　B. 负需求　　　　C. 无需求　　　　D. 充分需求

3. 消费者喜欢购买打折商品主要是因为具有(   )。
   A. 求名动机　　　B. 求廉动机　　　C. 显耀动机　　　D. 好胜动机

二、多项选择题

1. 消费者消费行为的诱导方式包括(   )。
   A. 品牌强化诱导　　　　　　　　　B. 特点补充诱导
   C. 利益追加诱导　　　　　　　　　D. 观念转换诱导
   E. 证据提供诱导

2. 消费者的购买行为深受（　　）因素的影响。
   A. 社会　　　　　　B. 文化　　　　　　C. 个人　　　　　　D. 心理
   E. 政治

三、判断题
1. 需要是产生需求的前提条件。　　　　　　　　　　　　　　　　　　（　）
2. 在现实生活中，消费者的购买行为往往是在单一动机的驱使下进行的。（　）
3. 不同特征的消费者会形成不同的购买意向和购买行为。　　　　　　　（　）
4. 多变型购买行为是消费者购买差异性不大的商品时发生的一种购买行为。（　）
5. 对消费者的购买动机进行分析，有助于觉察和掌握消费者进行购买的真实意图。
　　　　　　　　　　　　　　　　　　　　　　　　　　　　　　　　　（　）

实训项目

消费动机理论分析

一、实训目的
（1）运用需要、动机理论分析消费者行为。
（2）体会需要、动机理论对消费行为的指导意义。

二、实训内容
选择推销某一类商品，如盆景花卉、小家电、护肤化妆品。

三、实训要求
（1）根据马斯洛的理论来说明某种产品可以满足消费者的某个层次需要。
（2）激发推销对象的购买动机并使之变成行动。
（3）写一份推销方案，要求包含以上内容，并论证它的可行性。
（4）实地推销商品。

第五章

消费群体与消费心理

学习目标

能力目标

- 能根据市场状况对消费者群体进行细分。
- 能对不同的消费群体进行心理分析,以及针对不同的消费群体采取相应的策略。

知识目标

- 掌握消费群体的概念与分类。
- 了解消费群体的影响力。
- 了解消费群体规范与消费行为。

引导案例

可口可乐"昵称瓶"

2013年10月,中国艾菲奖(EFFIE AWARDS 大中华区)将大奖颁给了"可口可乐昵称瓶"。艾菲奖最早由美国营销协会创立,该奖项的颁奖宗旨是"以实效论英雄",也就是说选取当年效果最好的广告创意。在很多人看来,可口可乐昵称瓶是社会化营销的经典案例,利用社会化媒体的力量提升了销售业绩。

可口可乐昵称瓶最大的特点是根据用户的特征修改了原有包装,让它更贴近用户喜好。在活动上线之前,可口可乐便通过众多明星的微博账号发布了消息,成功吸引到第一批想要购买定制瓶的粉丝。活动开始后,最先买到昵称瓶的网友就主动在微博上分享,吸引了更多人的注意力。在接下来的几天中,参与的人数如同滚雪球一样越来越多,抢购的速度也越来越快。而这种从线上微博定制瓶子到线下消费者收到定制瓶,继而通过消费者拍照分享又回到线上的 O2O 模式,让社交推广活动形成了一种长尾效应,这正是从消费者印象到消费者表达的最好实践。

8月14日,可口可乐在360搜索的网站上推出了私人定制瓶的主题页面。网友只需要输入昵称瓶,就能进入活动页面,参与抢瓶活动。而在此之前,可口可乐还携手新浪微博,在可口可乐的官方微博上试用微钱包推广定制版昵称瓶。作为一次市场活动,此次"高级定制"不收取任何额外费用,用户只需要承担邮费即可。整个定制过程也十分方便,消费者只需要在官方微博上选择昵称名,并输入希望赠送人的姓名,通过微博钱包支付邮费即可,定制流程与在电商网站购物一样便捷。活动推出第一天，300 瓶可口可乐 1 小时内被抢光；第二天，500 瓶 30 分钟内被抢光；第三天，500 瓶 5 分钟内被抢光；接下来几天，500 瓶都是在 1 分钟内秒杀完毕。这是让人震惊的数字，而且呈现出越来越快的趋势。前三天一千多的销量，已经产生新浪微博五千多次的分享与讨论。

有的人不明白，为什么昵称会受到人们的热捧？其实昵称是人们对自我的一种表达，有点类似于笔名。另外，昵称也是一种标签文化，在中国实行标签战略显得很接地气。特别对于"80 后""90 后"，甚至"00 后"来说，互贴标签是对对方的认可。贴标签的趣味性很强，容易引起人们的认可。比如高考期间，很多印有考霸的昵称瓶就被哄抢一空。

资料来源：和讯网，2013-11-10。

【引入问题】
1. 分析可口可乐昵称瓶的主要消费目标群体。
2. 可口可乐昵称瓶主要抓住了该群体的哪些消费心理特征？

第一节　不同年龄群体的消费心理

一、少年儿童群体的消费心理特点

少年儿童消费群体是由 0～14 岁的消费者组成的群体。这部分消费者在人口总数中占比较大。随着我国二胎政策的放开，这一部分的人口比例有所增长，占到 30%～40%，这一年龄段的消费者构成了一支庞大的消费大军，形成了具有特定心理的消费者群体。

（一）儿童群体的消费心理

儿童群体主要是由刚出生的婴儿到 10 岁的孩童组成，这一时期的消费者最易受外部环境的影响，他们的消费心理变化幅度也是最大的。这一年龄层次的消费群体又可以分为三个阶段，即乳婴期（0～3 岁）、幼儿期（3～6 岁）、童年期（6～10 岁）。在这三个阶段中，儿童开始了人生的学习过程，逐渐有了认知、意识、兴趣、情绪等心理品质。儿童的消费心理特征主要表现为以下几种情况。

1. 从纯生理需要逐渐向带有社会内容的需要发展

儿童在婴幼儿时期，消费需要主要为生理需要，且必须由他人来帮助完成。随着年龄的增长，儿童对外界环境刺激日益敏感，消费需要逐渐发展为有自我意识加入的社会性需要。这一时期的儿童仅是商品和服务的使用者，而非直接购买者。处于幼儿期和童年期的儿童，逐渐有了认知能力和一定的购买意识，会对父母的购买决策产生影响。

2. 从模仿性消费逐步向带有个性特点的消费发展

儿童初期，尤其是幼儿期，模仿心理较强，对于同龄儿童的消费行为往往有着强烈的模仿意愿，比如，对食物、服饰、玩具的跟风消费行为。随着年龄的增长，这种模仿性消费逐渐被带有自己的需求欲望和个性特点的消费所替代，对于商品和服务有了自己的购买意向和目标。

3．消费情绪从很不稳定向稍微稳定发展

儿童具有很强的好奇心，对新奇的事物感觉敏锐，同时也非常容易受他人感染，如因色彩鲜艳的包装、玩具的柔软手感、食物的气味的刺激而产生购买行为。随着年龄的增长，以及接触社会环境的机会增多，消费心理不断成熟，消费情绪逐渐稳定。

4．对消费品的购买行为逐渐从依赖型向独立型发展

儿童的消费心理多处于感情支配阶段，购买行为以依赖型为主，但已有影响父母购买决策的倾向。随着年龄的增长，逐渐学会自己购买商品，购买行为也逐渐从依赖型转变为独立型。

5．儿童消费品中娱乐用品的消费比重较大

儿童对事物的认识主要是主观表象式的，对商品的注意和兴趣受商品外观因素影响，很容易被结构简单、色彩明快鲜艳、能活动、带音效的玩具所吸引。

（二）少年消费者群体的消费心理

少年消费群体指 10～14 岁年龄阶段的消费者。处于这个阶段的群体，其生理和心理都慢慢从儿童向青年阶段转变，少年消费群体的消费心理特征有以下几点。

1．喜欢与成人比拟

少年消费者自我发展最显著的特征就是有成人感，他们认为自己已经长大成人，希望得到同成人一样的地位和权利。从交友、学习、生活到购买物品，都不愿受到父母的束缚与控制。

2．购买行为趋于稳定

少年时期由于对社会环境的认识不断加深，知识不断丰富，随着购买活动次数的增加，对商品的鉴别能力不断提高，购买行为趋于习惯化、稳定化，购买的倾向性也开始确立。

3．受影响范围扩大

大多数的少年消费者处于初高中的学校环境，经常参加集体活动，接触社会的机会增多，受环境的影响逐渐加大。

（三）面向少年儿童消费者群体的市场营销心理策略

少年儿童消费者群体构成了一个庞大的消费市场。企业把握少年儿童心理行为特征，是为了刺激其购买动机，满足他们的心理和物质需求，积极培养、激发和引导他们的消费欲望，从而大力开发这一具有极大潜力的市场。为此可采用以下营销策略。

1．区别不同的购买与消费对象，采取不同的组合策略

婴乳期的儿童，其父母才是消费行为的决策者。企业从生产产品到提供服务，一切应以父母的消费心理为主导，强调商品的安全、健康。服饰类和生活用品类要符合各类消费者的审美情趣要求。幼儿期的儿童不同程度地参与了父母的购买决策，因此，企业开发产品时不仅要考虑其父母，也要考虑幼儿本身的喜好。

2. 改善商品外观设计

虽然这一时期的消费者已有了简单的逻辑思维，但是吸引其注意力的还是商品的外观，为此，企业在儿童用品的造型及颜色选择上，要考虑儿童的特点，尽量选取一些形象生动、色彩鲜明的产品，比如在杯子上印上当下流行的卡通图案。

3. 建立商品品牌形象

少年儿童消费者的记忆力很好，一旦某个公司的产品别具特色，被其认可，就很难忘记，因此企业在设计产品、宣传方面要考虑到少年儿童消费者的心理特点，针对其心理偏好，使他们能够对产品甚至品牌留下深刻印象，成为忠实消费者。

二、青年群体的消费心理特点

由于不同国家和地区自然条件、风俗习惯和经济发展水平不同，青年的年龄范围也各不相同，在我国，青年消费群体一般指年龄在 15~35 岁的消费者群体，他们处于由少年向中年过渡的时期。

（一）青年消费者群体的特点

1. 人数众多

根据 2016 年我国人口普查结果，我国青年人口占全国总人口的 17%，达 2.25 亿人，成为仅次于少年儿童群体的另一个庞大的消费者群体。

2. 具有巨大的购买潜力

进入到这一年龄时期的消费者，尤其是已经参加工作且经济独立的青年消费者，具备了独立购买商品的潜力，随着受教育程度和城镇化比例的提高，这一人群的消费实力和决策力也在迅速提升。

3. 购买行为具有扩散性

青年消费群体对其他各类消费者都会产生影响，他们已经有了独立的消费能力，并且能带动同类或其他消费者的消费观念。

（二）青年消费者群体的消费心理

1. 追求时尚，表现时代

青年消费群体思维敏捷、内心丰富、富于幻想，并具有冒险和创新精神，因此，他们往往是敢于"第一个吃螃蟹的人"，青年消费者强烈的求新、求异思想决定了他们往往是新产品、新消费方式的追求者、尝试者和推广者。

2. 意愿强烈，需求多样

青年消费者在吃、穿、住、用等物质消费水平提高后，为满足自身的需要，他们的精神消费需求也越来越强烈，比如订购书籍、报刊，参加英语培训等的消费支出越来越大。

3. 追求个性，表现自我

处于青春时期的青年消费者自我意识迅速增强，他们追求个性独立，因此在选购商品的时候也会挑选与自己个性相符的商品。

4．注重情感，冲动性强

青年消费者处于少年到成年的过渡阶段，心智尚未彻底成熟，行动易受感情支配。因此，产品的款式、颜色、形状、广告、包装等往往是其购买决策的第一要素。

（三）面向青年消费者群体的市场营销心理策略

1．满足多层次的心理需要

青年消费者进入社会以后，除了生理、安全的需要之外，还产生了社会交往、成就感等多方面的需要。因此，企业开发的产品除了要安全实用以外，更要满足青年消费者的心理需求。比如限量款的发售往往会让他们感觉自己与众不同。

2．开发时尚商品，引导消费潮流

青年消费者思维活跃、追求潮流，能快速接受新事物。企业要研究预测国内外潮流消费趋势，开发各类时尚产品，引导青年消费者消费。

3．注重个性化产品的生产、营销

越来越多的事实表明，青年消费者的需求已不再停留于实用方面，他们购买商品不仅是因为它有用，还因为它能突显自我，在追求合理实用的同时，他们更注重个性的满足、精神的愉悦和优越感。比如可口可乐的昵称瓶销售火爆，就是最好的体现。

4．推出同类不同档次的商品，满足不同收入水平青年的需要

青年消费者由于职业、收入水平不同，可分为不同的消费阶层。但是，青年消费者好胜的天性是一样的，大牌发布会过后，某宝同款大卖就是这一天性最好的体现。所以企业在开拓青年消费者市场时，要注意生产不同型号、不同价格层次的商品，以满足不同层次青年消费者的需求。

三、中年消费群体的消费心理

中年消费者群体是35～55岁消费者组成的群体。中年消费者购买力强，购买范围大。把握住这一市场，有助于企业稳固市场、扩大销售。

（一）中年消费者群体的消费心理

1．理智性强

中年消费者处于人生的成熟阶段，他们大多生活阅历丰富，消费能力强，情绪反应平稳，很少受外界环境的刺激而冲动消费。他们注重产品的实际效用、价格与外观的统一，他们会冷静地分析、判断与挑选，使自己的购买行为尽量合理。

2．计划性强

因为大部分中年消费者上有老下有小，家庭生活负担比较重，所以消费行为具有很强的计划性和目的性，很少出现即性开支和计划外消费。在选择商品的时候，他们会综合考量商品质量、价格、品牌等因素，因此物美价廉的产品往往成为中年消费者的首选。

3. 注重实用，节俭心理较强，较为稳定

中年消费者处于人生的成熟阶段，大多生活稳定，并且处于青年向老年的过渡阶段，是家庭经济的主要承担者。在消费上，他们一般奉行量入为出、勤俭持家的原则。他们也不再会像青年时一样追赶时髦、超前消费。

（二）中年消费者群体的市场营销心理策略

1. 注重培养中年消费者成为忠诚消费者

中年消费者的消费习惯已经形成，习惯去固定的场所购买经常使用的产品或服务。因此，企业针对这一市场，应尽可能地减少变化，保证商品质量和价格的稳定。

2. 商品设计上要突出实用性、便利性

中年消费者在购物的过程中更多地追求实用和便利，因此，向他们提供的商品都必须有较强的使用功能，以满足他们生活中某一方面的需要。

3. 重视售后服务

中年消费者购买商品后，一定会仔细研究商品说明书，一旦商品出现问题，他们就会去找直接经营者，经营者应及时解决问题并做好相应服务，以免丢失消费者。

4. 促销广告活动要合理化

中年消费者经验丰富，对商品的鉴别能力很强，因此面向中年消费者开展的商品广告宣传和现场促销活动要合理化。在广告促销中，应用产品的功能和效用来打动消费者，并且靠使用者的现身说法或相关数据来证明。

实例 5-1　华尔街"中国大妈"之分析报告

2013 年，"大妈"（Dama）作为一个新词被录入牛津词典。人们突然发现，中国社会又多了一个特定群体。大妈通常有这样的特征：年龄大多在 50~60 岁，大多曾经工作过但已经退休，不再需要为生存奔波，虽有一定的购买力，却延续着当年节俭的习惯，不掌握大众传媒上的话语权，曝光率却极高。五一小长假，一部真正的大片在各大城市上映，名叫"满城尽带黄金甲"。据香港媒体报道，大批内地游客利用假期特意赴港抢金，有豪客更是以 20 万元港币狂扫一斤黄金。经过一年的酝酿造势，华尔街大鳄们终于出手做空黄金。黄金大跌，世界哗然。不料半路杀出一群中国大妈，瞬间 1 000 亿元人民币，300 吨黄金被大妈们"扫货"了。华尔街投多少，大妈们买多少，整个华尔街为之震动。多空大战中，对战双方一方是大名鼎鼎的美国华尔街金融大鳄，另一方是中国大妈。世界五百强之一的高盛集团率先举手投降，一场"金融大鳄"与"中国大妈"之间的黄金阻击战看似"中国大妈"完胜。有网友感叹，"华尔街分析师抵不过中国大妈"。

资料来源：NLP 学院网。

其实，"中国大妈"代表了这样一个群体，她们深受传统文化的影响，一辈子为家庭、为丈夫、为孩子服务，操持家务的同时，每天要筹划柴米油盐的花销，她们深深明白"小富由俭"的道理，牢记着那个人民币疯狂贬值年代的教训，那轻飘飘的纸币并不能给她们足够的安全感。即使今天，她们仍然对不稳定的现实心有余悸，所以时光走到现在，哪怕是一点小小的动荡也总让她们无所适从。

四、老年消费群体的消费心理

按照我国现行标准,60岁以上的人被视为老年人,90岁以上者可谓高寿了。我国人口结构中,中老年人数量增加,使我国进入老龄化社会。由于老年消费者对于衣、食、住、行都有特殊需求,老年消费品市场越来越广阔。

(一)老年消费者群体的消费心理

1.消费习惯稳定

老年消费者几十年的消费习惯已成定性,对新的生活方式了解较少并且难以接受。因此,在消费中,延续几十年的生活习惯,就成了老年人的普遍消费特征。与年轻人相比,老年人的消费观比较成熟,消费行为比较理智,冲动性消费相对较少。他们大多是老字号、老商店及传统品牌的忠实消费者。

2.商品追求实用性

实用是老年人消费的第一原则。比起款式、颜色、包装,他们更重视产品的质量、实用、价格、安全。在我国,当前的老年人大多经历过较长一段时间并不富裕的生活,他们养成了勤劳节俭的生活习惯,因此价格便宜的商品对他们有很大的吸引力。随着我国经济的发展,以及居民生活水平的提高,性价比高的产品成为老年消费群体的首选。

3.消费追求便利,要求得到良好的服务

由于老年人生理的变化,他们更倾向于购买使用方便、易学易用的产品,以减少精力的损耗。老年消费者对商品质量和服务质量的要求高于一般消费者。因此企业除了开发简单、实用、易操作产品的同时,还应加强员工培训,一对一地教老年人如何使用产品,以保证购买产品的老年人能够更好地了解、使用产品。

4.消费需求结构发生变化

随着生理机能的衰退,老年消费者对保健食品类的需求大大增加。只要某种食品对健康有利,他们往往会产生购买动机。同时,由于需求层次发生了变化,老年人对奢侈品、服饰或其他娱乐性的消费支出降低,他们会增加自己某一偏好的支出,比如理疗保健、保姆保洁服务及其他服务性消费。

5.较强的补偿性消费心理

补偿性消费是一种纯粹的心理消费,试图补偿过去因条件限制而未能实现的消费愿望。这部分消费是老年人特有的,因为在生活中追忆往事是老年人的习惯。因此,他们在旅游观光、消费聚餐、营养食品等方面也和年轻人一样有着强烈的消费意愿。

(二)面向老年消费者群体的市场营销心理策略

1.开发适合老年人需求的各类商品

企业在开发产品时,一定要考虑老年人的生理和心理特点,注重实用性、保健性和方便性。比如在吃的方面,应提供易嚼、易消化且低脂、低糖、低胆固醇的食品。

2.开展对老年人及其子女的双重促销

很多老年商品的付款者是老年人的子女,所以在广告设计上除了面向老年人宣传产品本身,还可以面向年轻人,提倡尊老敬老的社会风尚,激发年轻人孝敬老人的心理,从而产生购买行为。由于子女忙于工作,不可能时时刻刻陪伴在身侧,老年人非常容易感到孤独,他们渴望与他人接触,渴望得到社会、家人的关注和尊重。因此,在营销的各个环节都要以"情"至上,处处为老人着想。

> **实例5-2** 今年过年不收礼,收礼只收脑白金
>
> 脑白金的电视系列广告大致内容是这样的:一对老年夫妇分别身着各种风格的衣服,一边跳舞一边唱着:"今年过节不收礼,收礼只收脑白金。"
>
> 虽然脑白金上市已经十多年了,广告换了一茬又一茬,但是每个广告的内容都是相似的,变的只是卡通形象的老年夫妇所跳舞蹈的类型和所穿的衣服。
>
> 这则广告自上市以来,一直以恶俗著称,但是它的广告传播效果的确令人刮目相看。只要你打开电视,不管你怎么逃,脑白金广告的画面、声音及广告语总是扑面而来,并且牢牢地印刻在你的脑海里。不管你对脑白金广告的印象是好是坏,总之你记住了,这就是传播者想要的效果。
>
> 资料来源:贺小失,运用AIDA模型分析脑白金广告。
>
> 随着生活水平的提高,健康成为人们关注的焦点话题。脑白金从健康出发,自然吸引了不少大众。同时脑白金还抓住了一个中国"孝当先"的传统民俗,子女想孝敬父母,首先想到的是健康,同类保健品里,脑白金的宣传推广力度最大,其自然成为送礼首选。

第二节 不同性别群体的消费心理

一、女性的消费心理与消费行为

(一)女性消费群体的消费心理

1. 情感性心理

女性在消费过程中往往带有丰富的感情,心理活动起伏较大,容易受到情感的支配和影响,从而产生对某种产品的喜爱,导致产生购买欲望。她们往往会通过直接的感受而对某种产品或者服务形成偏好,因为其名称、外观、包装或者服务而引起冲动。当时的一句广告语,或者销售人员的几句贴心的讲解,都很容易让女性消费者暂时忘记产品的功效而产生购买冲动。

2. 注重商品的实用性与实际利益

消费研究证明,在化妆品消费中,依旧存在着很大一部分忠诚于产品质量的女性消费者,她们是理性消费的代表,往往容易受到产品质量、价格及功效等因素的影响,在做购买决策的时候往往会深思熟虑,一般不会冲动地去购买某一产品或品牌。这一类消费者的品牌忠诚度较大,消费行为相对比较稳定。

3. 注重商品的便利性与生活的创造性

现代社会,女性的地位越来越高,物质生活逐渐丰富,使她们在精神领域的追求也日

益明显。除了追求美以外，更多的女性希望尝试不同的生活方式，更加着意于个性化的生活，女性对时尚的追求已经向更高层次转变，不但注重外表，而且在向关注内心和高品质的生活转化。比如她们在购买化妆品时，较多地侧重于外观包装，在意美的效果，她们热衷于追求品牌并信任品牌，品牌意识强烈，认为品牌便是产品质量的保证。同时，她们不断地追求产品的流行趋势，使用一些新颖、奇特的产品来强调自我的唯一性。

4. 有较强的自我意识和自尊心

女性消费者一般都有较强的自我意识和自尊心，对外界事物反应敏感。在日常的消费活动中，她们通常更喜欢去交通便利、配套设施良好、购物环境舒适的集多功能为一体的大型商场。她们希望从视觉、听觉、嗅觉、触觉等方面，都能体验到尊重、舒适、愉悦、贴心和成就感。

5. 挑选商品通常是"完美主义者"

相对于男性，女性购物时更专注事物的细节。大多数女性认为，有品位的女人一定是精致的，因此，他们要求自己从外衣到鞋子，从小饰品到包袋，都要做工精良，细节完美，甚至衣服上一个外露的线头，都能直接影响他们的购买行为。

6. 攀比炫耀心理

女性消费的攀比心理指一些女性消费者有一种希望自己比别人富有或者有地位的心理，除了通过消费满足自己基本的生活需求，使自己变得更美更时尚外，还会以购买高档次、知名品牌的商品或者购买与众不同的商品来显示自己优越的地位或者其他过人之处。

（二）面向女性消费群体的市场营销心理策略

1. 销售环境的布置

在销售环境的布置上，要注意色彩搭配，商品的摆放要贴合女性心理特点。除了商品陈列要疏密有致、美观大方外，还要创造一个相对安静、舒适的场所，使她们心情舒畅、轻松愉快地购物。

2. 商品设计要贴合女性心理

女性消费者心思细腻，追求完美，购买的商品主要是日常用品和装饰品，如服装鞋帽、小电器等。此类产品的设计应尽可能贴近生活，同时品种样式要丰富，才能刺激她们的购买欲望。

3. 开展形式多样的促销活动

在消费过程中，女性消费者容易受到打折信息的影响，她们经常会因为促销活动或者广告影响而购买一些并不需要的或者超出实际需求量的东西。很多女性消费者还会因为某品牌产品的试用或者派送的一些赠品而形成对该产品初步的心理接受，加之现场人员的引导，就很容易放弃自己的原则而投入到购买的行列之中。因此企业应开展形式多样的促销活动来吸引女性消费者。

4. 强化销售服务

女性消费者在选择购买产品的过程中，越来越多地关注品牌的附加值，如服务是否满意，销售人员的着装或者语言是否协调、是否符合品牌的形象，等等，这些都已经成为女性消费者购买产品的一个重要选择指标。销售人员需要细心体察消费者购物的不同心理习惯和购买活动特点。只有综合考虑消费者的各种需要，才能引起消费者共鸣，使其产生购买欲望，完成购买活动。

> **实例 5-3　贵妇百货 Bellavita**
>
> 　　Bellavita（宝丽广场）位于台北信义区，是台北最有名的贵妇商场。Bellavita 取自意大利文，意为"美好的生活"。为了配合以高端女性为主要销售对象的经营风格，Bellavita 建筑装饰凸显出欧洲宫殿般的高端韵味。内部装饰以白色石材为主，商场内部酷似米兰大街，中庭采用挑高透明圆顶采光罩，让阳光自然射入；印有牡丹花的金色舞台，高空坠挂的红色彩带，绿意葱茏的小园林点缀其间，配合宫廷交响乐的背景音乐，营造出贵气十足的气氛。商场内，名店林立，名品汇集，既有爱马仕、梵克雅宝和宝缇嘉等众多奢侈一线大牌，也有 IXIE 等台湾本土品牌，吸引了不少名媛贵妇前来消费。
>
> 　　　　　　　　　　　　　　　　　　资料来源：微博，天霸设计，购物中心设计，2018-1。
>
> 　　Bellavita 商场体现出设计师对女性心理特征的最好诠释和把握，即追求时髦、看重美观、感性从众、展示欲强等。为了迎合女性的消费心理，购物中心和商店在装饰设计、业态设置各方面可谓使出了浑身解数。

二、男性的消费心理与消费行为

（一）男性消费群体的消费心理

1. 购买行为的目的性与理智性

男性消费者购买商品多为理性购买，不易受商品外观、环境及他人影响。注重商品的使用效果及整体质量，不太关注细节。

2. 购买动机形成的迅速性和被动性

由于男性的逻辑思维能力较强，他们善于控制自己的情绪，处理问题时能冷静地权衡利弊，因此男性消费者往往购买商品目的明确、迅速果断。男性消费者购买动机也不如女性消费者强烈，比较被动，许多情况下购买动机的形成往往是由于外界因素的作用，如家里人的嘱托、工作需要，等等，动机的主动性、灵活性都比较差。

3. 商品的性别特征明显

由于男性消费者的购买动机往往没有女性消费者强烈，能够让他们主动购买的商品都有其明确的性别属性。

（二）面向男性消费群体的市场营销心理策略

1. 注重商品的内外在价值的统一

由于男性消费者的购买动机属于理智型，其消费心理具有客观性和周密性，因此针对男性消费者的理智动机，企业需强调理性消费，通过强调产品的功能特点、质量性状及各种数据和理性的证据去打动他们。

2. 注意品牌形象的塑造

由于男性消费者本身所具有的攻击性和成就欲较强，所以男性消费者在购物时倾向于选购高档气派的名牌产品，而且不愿讨价还价，忌讳别人说自己小气或所购商品"不上档次"，因此，企业应注重自身品牌形象的塑造，顺应潮流，提升产品价值。

3．注意商品信息传播的科学性与完整性

由于男性消费者购买商品多为理性购买，且逻辑思维能力较强，因此企业在推广产品的时候，应注意产品信息传播的科学性与完整性，尽量用数据分析、产品质量等进行有理有据的宣传。

第三节　家庭与消费心理

一、家庭的内涵

（一）家庭的概念

家庭是由婚姻关系、血缘关系、收养关系或共同经济为纽带结合成的亲属团体，是以婚姻和血统关系为基础的社会单位，成员包括父母、子女和其他共同生活的亲属。一般来讲，家庭成员共同居住在一起，共同进行生产和消费。

（二）家庭的功能

家庭功能也称家庭职能，即家庭在人类生活和社会发展方面所起的作用。其内容受社会性质的制约，不同的社会形态，构成不同的家庭职能，有些职能是共同的，是任何社会都具有的，而有些职能是派生的。与消费心理学相关的功能有经济功能、情感交流功能、抚养与赡养功能和教育功能。经济功能包括家庭中的生产、分配、交换、消费，它是家庭功能其他方面的物质基础。感情交流功能是家庭精神生活的组成部分，是家庭生活幸福的基础，感情交流的密切程度是家庭生活幸福与否的标志。抚养与赡养功能具体表现为家庭代际关系中的双向义务与责任，抚养是上一代对下一代的抚育培养，赡养是下一代对上一代的供养帮助，这种功能是实现社会继替必不可少的保障。教育功能包括父母教育子女和家庭成员之间相互教育两个方面，其中父母教育子女在家庭教育中占有重要的地位。

二、不同家庭生命周期的消费行为

（一）单身期

单身期指已经成年但尚未结婚时期，这一时期的青年人几乎没有经济负担，收入较低，承担风险的能力较强。

（二）新婚期

新婚期指男女青年结婚，自立门户，但尚未有小孩的时期。由于我国的传统习俗，双方父母为其子女结婚筹备力度较大，所以在这个阶段的经济负担较下一阶段要轻，消费量

大。新婚家庭一方面需要购买所需的生活用品，另一方面由于没有孩子带来的经济负担，所以他们可以无顾虑地追求享乐，其消费需求具有不稳定性。

（三）生育期

生育期也称育幼期，指由尚未成年的孩子和青年夫妇组成的家庭的时期。这一时期，孩子的出生带来了新的需求，也带来了新的消费，如儿童用品、教育培训，等等。

（四）满巢期

满巢期指子女尚未独立时期，包括子女仍在中学或大学读书，以及刚参加工作的时期。这一时期，由于子女即将独立，父母主要以培养子女未来自主生活能力为主，具有预防性储蓄意识是这一时期的主要特点。

（五）离巢期

离巢期指子女开始独立，成家独立，父母已经退休或接近退休的时期。此时期家庭收入达到高峰，支出逐渐降低，可能购买娱乐品和奢侈品，对新产品不感兴趣，也很少受到广告的影响。消费更趋谨慎，倾向于购买有益健康的产品。

（六）鳏寡期

鳏寡期指两位老人先后谢世的时期。由于生活自理能力下降，必须依靠子女赡养。此时期，消费量减少，集中于生活必需品和医疗产品。

实例 5-4　　回力——互联网分销

老品牌复兴是一个很沉重的话题，这个问题带有很多共性，这不仅是"回力"的问题，而且是很多中国民族品牌都要面临的问题。回力面对的市场环境已经发生了巨大的变化。改革开放之前，市场比较紧缺，没有太多的竞争因素。所以，回力鞋有它自身的一些吸引消费者的地方。但这些东西只有在当时的历史背景下才成立，并不代表还能吸引今天以及将来的消费者。即使今天一些消费者对"回力"鞋怀旧，也都是基于对那个年代的怀念。

在人口结构上，中国正在步入老龄化，但在品牌打造与营销趋势上，中国进入了年轻化时代。在这个时代，品牌出现了一个法则，叫作"年轻15岁"，成年人的消费品牌定位可以在形象上比实际消费者的真实年龄年轻15岁。在未来的竞争中，谁拥有年轻人，谁就拥有市场。从这个思路看，回力应该看清未来的市场来源，即使针对中老年的传统人群，也要找到他们真正关注的市场定位点；而针对年轻人市场，则既要看到他们当下的需求，也要准备好如何应对他们未来的潜在需求。

2015年，"中国驰名商标"回力大力开展电商业务，当年自营销售额达1 100万元。

2016年，7家回力VIP经销商通过天猫平台分销，依托品牌建设与营销，使商品摆脱原来主要客群集中在40岁以上群体的颓势，由年轻客群取代，重新焕发活力，销售总额达1.1亿元，全渠道销量突破5 800万双，超过经营预期。

资料来源：新浪财经。

> 回力以往以低端市场为导向，球鞋的价格在几十元左右。若想往高端市场发展，必须在现有的客户群中做取舍。如果回力的主力商品是球鞋或运动鞋，它就跳不出这个模式。它的市场必然是在年轻族群的身上，因此，企业应该注重的是辨别"生意来源"。

三、家庭决策角色

（一）丈夫决策型

丈夫决策型指家庭主要商品的购买决策由丈夫决定。由于中国传统观念的传承，认为丈夫是家庭的主要经济支柱，即丈夫的生活能力大大高于妻子，于是丈夫的购买行为在很大程度上代表了家庭的购买行为。

（二）妻子决策型

妻子决策型指家庭主要商品的购买决策由妻子决定。清洁用品、厨房用品和食物的购买基本上由妻子做主。

（三）共同决策型

共同决策型指家庭决策由夫妻共同制定。度假、孩子上学、购物和装修住宅等，多由夫妻共同做出决定。有研究发现，越是进入购买决策的后期，家庭成员越倾向于联合做出决定。换言之，家庭成员在具体产品购买上各有分工，某个家庭成员可能负责收集信息和进行评估、比较，而最终的选择则可能由大家一起做出。

（四）夫妻自主决策型

夫妻自主决策型指构成家庭的夫妻双方在经济上相对独立，各自都能自主做出决策而对方也不过多干预。

四、家庭消费的特征

（一）阶段性

每一个家庭都有一个生命周期，即发生、发展、消亡的过程。在每个阶段，消费者的心理和购买决策都有着巨大的差异。比如经济条件比较差时，吃的食品占家庭支出比重最大；小康时候，健康、教育、住房消费大；富有的时候，对养生、旅行、文化的投入比较大。

（二）相对稳定性

由于消费惯性和刚性的作用，居民家庭消费支出具有相对稳定性。虽然居民家庭收入的增加会逐步提高居民家庭的消费支出水平，但这是一个缓慢持久的过程。而消费习惯的形成和改变则受社会文化传统和风俗习惯潜移默化的影响，也是一个缓慢持久的过程。

（三）传承性

家庭的日常消费支出不仅取决于家庭收入的高低，而且还与社会的文化传统和经济制度环境密切相关。通过家庭消费支出的数据统计分析可以发现，不同的文化传统和社会经济制度环境对家庭消费支出决策也有很大影响。例如，美国家庭的储蓄率较低，而在东南亚各国，无论其经济发展水平是高是低，其家庭储蓄率普遍较高。

> **案例分析**
>
> **泡面小食堂**
>
> 面条一直以来是我国北方地区的主食之一，像北京炸酱面、陕西油泼面、兰州拉面、山西刀削面等都是有口皆碑广受人们喜爱的面食。虽说这些面条声名在外，可要是论到消费者的基数而言，泡面才应该是面条家族中首屈一指的存在。就像泡面小食堂异军突起，其独特的装修风格，吸引了大量的女性消费者，在抖音、微博、小红书等各大网络平台掀起了一轮新的泡面热潮，也吸引了不少投资者观望。
>
> 泡面小食堂从爆红至今已经过去数月了，其网上的热潮虽然有所消退但行情依旧火热，也不乏有连锁店出现消费者排队用餐的现象，其中大部分为女性消费者。虽说泡面这类食物或许难登大雅之堂，但是作为一种有情怀的食物，只要适合消费者口味，客源还是有一定保障的，其市场前景长远发展也应当不是问题。
>
> 资料来源：快马加盟网。
>
> 【案例分析题】
> 试分析泡面小食堂异军突起的原因。

本章小结

本章从不同的消费群体概念入手，继而介绍了消费者群体的影响力、消费群体规范及消费行为基础知识。通过介绍不同消费群体的心理特征，分析了其各自对应的营销心理策略。

练习题

一、单项选择题

1. 针对少年儿童群体，可以采用（　　）的药品营销策略。
   A. 重视知识营销　　　　　　　　　　B. 应体现其文化内涵
   C. 广告有逻辑性　　　　　　　　　　D. 采用小动物、卡通人物等图案包装
2. 子女与父母分开居住，家中剩下中老年的夫妻二人的家庭时期属于（　　）阶段。
   A. 家庭新建时期　　　　　　　　　　B. 家庭发展中期
   C. 家庭空巢时期　　　　　　　　　　D. 家庭衰亡时期

二、多项选择题

1. 老年消费群体的消费心理特征包括（　　　　）。
   - A. 注重商品的科技成分
   - B. 对保健品需求加大
   - C. 品牌忠诚度高
   - D. 追求方便舒适
   - E. 群体性突出
2. 女性消费群体的心理特征包括（　　　　）。
   - A. 注重商品外观
   - B. 讲究商品精神价值而不是实际效用
   - C. 带有情感性
   - D. 希望别人对自己的购买行为做出好评
   - E. 讲求实际效用和具体利益

三、论述题

1. 试述家庭消费的特征。
2. 试述女性消费者的消费心理。

实训项目

购买决策分析

一、实训目的

培养对消费者消费决策的分析判断能力。

二、实训内容

做一个简单的调查，了解自己和周围同学的消费水平，并分析如果商家拟开拓大学生市场可以从哪些方面着手。

三、实训要求

1. 按教学班级进行分组，每组 5~8 人，按组进行调查。
2. 小组成员针对自身情况逐一陈述分析。
3. 由每组组长负责完成分析报告的撰写。

第六章
社会环境与消费心理

学习目标

能力目标
- 能明确社会文化、社会群体、社会阶层在营销中的重要作用。
- 能运用社会文化、社会群体、社会阶层等因素促进销售。

知识目标
- 能理解文化的含义、特征及其对消费心理的影响。
- 能掌握社会群体的分类及其对消费心理的影响。
- 能掌握社会阶层对消费心理的影响。

引导案例

与邻居保持一致

芬兰是一个富裕的国家，经济很开放，能为消费者提供各种商品。然而芬兰与众不同的一点是这个国家对于市民的信息有着非常翔实的记录，包括市民的年龄、性别和住在同一社区里的居民收入，甚至是他们每年花在交通和购买汽车上的费用等一切信息。

通过研究居民的信息，研究者发现了特别有趣的一点，当一个芬兰居民购买了一辆新车，则当地社区与其相邻的 10 个住户中，至少有一个在接下来一周半购买同一品牌汽车的可能性为 86%。

资料来源：利昂·G. 西夫曼，莱斯利·拉扎尔. 消费者行为学，2011。

【引入问题】
1. 居民们为什么愿意选择购买和邻居相同的汽车？
2. 社会环境对消费心理有怎样的影响？

第一节　社会文化对消费者的影响

实例 6-1 看美国人、欧洲人和中国人怎么买车

星期六早晨走进汽车销售公司，一边吃着他们免费提供的汉堡，一边听着营销人员殷勤的唠叨，不一会儿，交钱、拿车钥匙、开车走人——这是美国人的购车方式。

与美国人比起来,欧洲的买车族更像从经典油画中走出来的贵族。当欧洲人有了买车的想法后,他们会漫步到经销商那里定购,定购的车将在数星期后被送到。整个过程,就像坐在左岸的酒吧里品尝雪茄那般慢条斯理,有些许的诗意和悠闲。

　　在中国,我们买车就好像读一个MBA,首先要温习功课:排量多少,哪国产的,有啥特点,发动机什么型号什么性能……都要了如指掌。在中国,想要买车的人好像都要达到博导级别才不会吃哑巴亏,现在不买车但以后想买车的人也都像专家。中国人买车似乎在拍一张全家福,往往拖儿带女去看车。所以车主大多是没有"主权"的,还往往紧张得就像被北大光华管理学院的名教授检验MBA学员入学资格一样。渐渐地,中国经销商普及试车,增加了买车的时间成本,但并没有对购买决策有什么实质帮助。事实上,大多数人试完车后,还得回家上网搜索和反复研究报纸周末版的试车报告。

　　买车真累,于是才发现美国人的潇洒。但回过头来想一想,美国式的潇洒中,多少还体现着负债民族的消费冲动。太多的美国人往往驾驶着一辆自己原本不需要的车离开车行。他们希望购买时尚型的,却开走了一辆酷似邮政车的绿色玩意儿。他们被销售员的怂恿所诱惑,买了两千美元的汽车导航系统,而实际上需要的只是一副能头顶蓝天的廉价天窗。

　　而欧洲人通过定购表现出了那块大陆上的悠闲贵族气质。据《福布斯》杂志报道,60%法国制造的雷诺车是定购的,而通用汽车在德国的欧宝品牌有52%是定购销售。事实上,这种气质并不仅仅在汽车定购上显现其文化印记,即使在工业异常发达成熟的今天,高级时装的定购在时装界仍然意味着最高的特权。在很多欧洲人看来,像在超市购物一样选车买车,就像平庸之人没品位的生活方式。为一辆新车等上几个星期,美国人压根儿就没有这种概念。在这个讲求实效的国度里,耐心指数比道琼斯指数低得多。《福布斯》的数据显示,通用汽车在北美销售中,定购所占比例只有10%。

　　除了美国文化的原因,美国汽车固有的销售模式也令定购在美国大地"火"不起来。在美国汽车产业链的末端,经销商只有在车被开走之后才能拥有制造商的贷款,所以只有车卖出去后才能支付销售员的工资。如果经销商达到月度销售目标,制造商还会给予一定奖励,经销商也会把一部分奖金发给销售员。于是,在美国的汽车销售公司里,每个销售员都是语言的暴走族,英语发音奇快。

　　当然,在中国也有定购汽车,但我们的定购更多的是象征和宣传。比如别克凯越,从发布价格之时就宣布接受订单无数。可是产能不够了,上海通用就将两班制运转调整为三班运转,但还不能满足需要。外地买主需要三个月以后才能拿车。

　　其实,说穿了,美国、欧洲和我们的买车方式存在着差别,但不是差距。那只是适合与不适合的差别,是汽车文化不同造成的差别,是汉堡、雪茄与全家福的差别,不存在可比性。

资料来源:陈可,李晓楠,朱凤,消费心理学,2016。

　　文化反映了人们的价值观,不仅会影响各国人的生活方式,而且还会影响他们的思维、情感和购买行为。今天,即使是在经济全球化的背景下,各国独具特色的文化对人们的生活方式、购买观念都有深远的影响。

一、文化和亚文化

随着社会物质产品的不断丰富，人们普遍追求满足生理需求之外的更高需求，这就使文化和亚文化对消费者行为的影响越来越明显。

（一）文化

1. 文化的含义

文化是一个应用广泛的概念。从广义上讲，文化是人类历史实践中所创造的物质财富和精神财富的总和。从狭义上讲，文化指一个社会的意识形态及与之相适应的制度和组织。一般指一个社会的知识、信念、艺术、法律、伦理、风俗等内容形成的复合体。从消费心理学的角度说，社会文化指一整套已经形成的信仰、价值观念、态度体系、习惯方式等被社会公认并世代相传的行为规范。

文化是一种涉及政治、宗教、传统习俗等诸多因素的社会现象。不同国家、地区的人受不同文化的影响，对相同的产品可能持有不同的态度。

2. 文化的要素

（1）表层的物质文化

物质文化是文化的基础，是文化的物质载体，是人类创造出来的一切物质财富。它主要包括三个方面：一是社会物质产品；二是人们生活的物质环境；三是文化设施和娱乐。总之，物质文化包括了社会一切有形的物质形态。

（2）中间的制度文化

制度文化是协调和规范人们各种行为的法规和制度。制度文化约束着人们的行为，协调着人与人之间的关系。

（3）核心的精神文化

精神文化是文化的核心，是社会多数成员所共有的，并指导和支配其行为的思想意识。其中包括理想信念、价值观念、行为取向、道德规范、心理习惯等。精神文化是看不见摸不着的，因此也被称为软文化。

3. 文化的特征

（1）共有性

文化的特征、信念和价值观是由社会成员在生产劳动和共同生活中创造的，因此是为社会大多数成员所共有的，并对社会的每个成员产生影响。表现为同一个社会的成员，有相同的价值取向、态度倾向、偏好禁忌等。这就使企业可以采取有针对性的营销策略，在特定文化环境中适合消费者的共同需求。

（2）习得性

研究表明，与遗传的生物特征不同，文化是后天习得的。人的文化意识并不是与生俱来的，而是在后天的社会活动中通过学习而得来的。对于消费者来说，消费心理的形成及消费习惯和消费行为的表现，也是后天学习的结果。因此企业在营销中应注意迎合消费者的文化观念和行为习惯，并通过宣传去引导消费者的观念和习惯，最终达到购买目的。

（3）无形性

文化的无形性指文化是看不见摸不着的，但却无时无刻不对人的行为存在着影响。这种影响造就了某些特定的行为习惯和思维定式，也就是所谓的无形文化意识。只有当人们接触到不同类型的文化时，才会感受到文化差别的影响。

（4）稳定性

文化一旦形成之后，会在一个社会群体当中，以固定的风俗习惯、思想观念、行为方式、庆典活动等形式表现出来。这种稳定性会保持很长的时间。随着科学技术、人口结构、资源开发等因素的变化，可能会导致文化演变，但文化一旦形成，就会在一定时期内保持不变。

（5）发展性

文化会随着社会经济和环境的发展变化，不断地演化更替。人的思想意识、行为方式也会随着社会的发展而不断演化调整。文化，作为一种社会意识形态，必将随着社会的发展进步而不断变化。企业应该觉察到可能变化的消费观念和市场机会，不断开发适合消费趋势的新产品。

实例 6-2　文化的习得和变迁

人类学家将文化习得分为三种不同形式：正式习得，即家长或年长的亲人教家里的小孩怎样为人处世；非正式习得，即小孩模仿某些特定成员的行为，如家人、朋友或电影明星；技术性习得，即在教育环境中由老师教导小孩哪些事应该做，具体怎样做，以及为什么要这样做。我们的道德价值观倾向于在小的时候通过父母、老师和其他有影响的成年人言传身教而形成，我们从家庭中学到仁慈、诚实和责任的重要性。

文化也对人们的行为提出了以下标准或所谓的准则，比如何时用餐，在哪里用餐，如果在拥挤的餐厅用餐，那里的食物看起来也不错。同样，文化也与社会成员的喜好相关，哪些是必需品，哪些是奢侈品。例如，美国成年人中，55%将微波炉当作生活必需品。

类似的，文化也为出席特殊场合的着装提出了要求，比如在家穿什么，上学、工作、去教堂穿什么，去快餐店或剧院穿什么。现在的着装标准已经发生很大的转变，更多时候人们都穿得很休闲。如今，只有很少大都市的饭店和俱乐部有穿职业装的要求。随着着装标准的转变，在企业工作环境中，男士穿西服、打领带的越来越少，女士穿制服套装的也越来越少。休闲装、运动装、牛仔裤和衬衣类的休闲服装销售量越来越大。

资料来源：利昂·G. 西夫曼，莱斯利·拉扎尔，消费者行为学，2011。

只要文化信念、价值观和习俗能够继续给人们带来满足，人们就会遵从文化来行动。当某一特定标准不再能满足社会成员的需求，这个标准就会被修正或替代。就这样，文化一直在缓慢却不间断地发展变化着，以适应社会的需要。

（二）亚文化

1. 亚文化的含义

文化是一个大的概念，在同一个社会中，由于成员的民族、宗教、地理位置、价值观、语言、年龄等的不同，每个特定的群体又会形成一种细致的区域文化，这种文化就是亚文化。具有相同亚文化的群体，往往表现出同样的消费特征。在每一个社会，其整体文化都是由许多亚文化构成的。从消费学的角度来讲，亚文化对消费者的影响比社会文化更重要，因为亚文化直接影响着消费者的购买习惯和购买行为。

2. 亚文化的分类

（1）民族亚文化

每个民族在语言文字、宗教信仰、风俗习惯等方面都会表现出明显的文化差异，又有各自特色鲜明的文化。因此在营销的时候应该注意各民族的习惯和禁忌，针对各民族的文化传统，做有针对性的营销工作。

（2）区域亚文化

我国幅员辽阔，由于地理区位不同，每个地域都形成了不同的文化特征和行为习惯。每个地区由于不同的自然环境和气候特征，使当地居民固守特定的区域亚文化，如南北差异、沿海文化等都是区域亚文化的表现。

（3）宗教亚文化

不同的民族有不同的宗教信仰，即便是同一民族，也有不同的宗教信仰。宗教信仰影响人们认识世界的方式，不同的宗教价值观念和行为准则也影响着人们特殊的消费习惯。

（4）语言文字亚文化

不同国家、不同社会、不同民族都有不同的语言文字。语言文字是文化的核心组成部分，是人们日常交流的工具，对消费心理活动有着巨大的影响，如中国人不喜欢数字 4，而喜欢数字 8 等，都是受语言文字亚文化影响的表现。

> **实例 6-3　语言文字的影响**
>
> 语言文字的不同，对消费者的心理活动有巨大的影响。一些企业由于其产品命名与产品销售地区的语言相悖，造成消费者心理上的厌恶，给企业带来巨大损失。例如，美国一家汽车公司生产了一种叫作"Cricket"的小型汽车，这种汽车在美国很畅销，但在英国却不受欢迎。其原因就是语言文字上的差异。"Cricket"一词有蟋蟀、板球的意思，美国人喜欢打板球，而且认为蟋蟀个头小，跑得快，所以很受欢迎。但在英国，人们不喜欢玩板球，不喜欢品牌叫板球、蟋蟀的汽车。
>
> 我国有一种叫"MaxiPuke"的扑克牌，在国内销路很好，但在英语国家不受欢迎，因为译成英语就是"最大限度地呕吐"。此外，语言的差异有时在国内营销中也可能遇到麻烦。例如，美国一家销售"PetMilk"的公司，在美国说法语的地区推销时就遇到了麻烦，因为"Pet"在法语里有"放屁"的意思，那么"PetMilk"当然也就难有好的销路了。
>
> 资料来源：刘军，邵晓明，消费心理学（第 2 版），2016。
>
> 可见，语言文字亚文化的差异对企业营销活动有重大的影响。企业在开展市场营销时，应尽量了解市场国的语言文字亚文化，掌握其语言文字的差异，准确把握消费者心理，这样才能使营销活动顺利进行。

二、社会文化对消费心理影响的主要方面

（一）消费价值观

消费价值观指消费者对消费品的价值取向和评价。消费价值观决定了消费者喜欢什么样的产品。消费价值观受社会文化的影响，表现为不同的消费行为和偏好。社会文化对消费价值观的影响是潜移默化的，有相同文化背景的消费者往往喜欢相似的产品。比如受中

国传统文化的影响，很多中老年消费者十分看重商品的使用价值，这是因为他们早已形成了简朴节约的消费习惯。

（二）消费审美观

消费审美观指人们对产品及其包装的好坏美丑的评价。不同国家、民族、地区的人们，由于文化不同，其审美的标准也不尽一致。比如说，中国的传统婚礼喜欢红色，西方的婚礼则喜欢白色。不同的审美观影响着不同的消费心理和消费行为。企业在进行产品外观及包装设计时，必须把握不同文化背景下的消费审美观念，以适应市场需求。

（三）消费习俗

消费习俗指受不同的文化背景和传统观念的影响，而形成的消费者惯有的消费心理和消费习惯。消费习俗，作为一种社会文化规范，对社会成员有强大的约束力。有相同文化背景的社会成员都会无条件地遵从固有的消费习俗，比如说在中国，端午节都要吃粽子，中秋节都要吃月饼，买粽子和买月饼已经成为一种传统习俗。

（四）消费方式

消费方式指消费者的购买和支付方式。受不同文化的影响，不同社会群体的购买习惯和消费方式不一样，比如说中国人喜欢一次性付全款，而西方人喜欢分期付款。年轻人喜欢在网上购物，而中老年更喜欢到实体店购买产品。

第二节　社会群体对消费者的影响

社会群体是由某些具有共同特征的消费者组成的群体。同一社会群体内部的消费者在购买行为、消费心理及习惯等方面有许多共同之处，不同社会群体之间则存在诸多差异。

一、社会群体的概念

社会群体指人们通过一定的社会关系结合起来进行活动的共同体。社会群体是构成社会的基本单位之一。每一群体体现了人与人之间、个人与整个社会之间的某些特定的相互关系。群体成员在交往过程中，通过心理与行为的相互影响或学习，会产生一些共同的观念、信仰、价值观和态度。

二、社会群体的分类

（一）正式群体与非正式群体

正式群体和非正式群体是根据群体的组织化、正规化程度来划分的。正式群体多为现代社会的社会组织等，其成员的地位、角色和规范，以及权利、责任和义务都有明确的规定，并有相对固定的成员身份，如企业、机关、学校等。正式群体的组织化、正规化程度高，其成员间的互动采取制度化、规范化的方式。

所谓非正式群体，主要指社会组织内部的成员在日常互动中自发形成的人际关系。非正式群体是伴随着正式群体的运转形成的。正式群体中的某些成员，由于工作性质相近，社会地位相当，性格、业余爱好比较相投，平时相处中会形成一些小群体，这就是非正式群体。在非正式群体中，成员之间是一种自然的人际关系，非正式群体有成员共同遵守的行为规则。

（二）所属群体与参照群体

所属群体指消费者自身所归属的群体。它规定着社会成员的身份及其日常活动。

参照群体指消费者向往的群体。参照群体并非某一成员身份所属的群体，而是消费者想要努力加入的群体。消费者会把自己的行为与参照群体比较，努力使自己的行为和参照群体保持一致，并改变自己不合规范的行为。

（三）自觉群体与回避群体

有些消费者在主观上会把自己归为某个群体，这个群体就是自觉群体。消费者会把自己的行为和这种群体标准相比较，使自己的行为符合自觉群体的行为指南。自觉群体可以是一个实际存在的群体，也可以是消费者想象的群体。由于从众心理和趋同性，自觉群体的标准会成为消费者个人的行动指南，消费者会尽力使自己的消费行为符合自觉群体的标准。

回避群体是消费者尽量避免归属到其中的社会群体，消费者由于主观的偏好会特别排斥某种群体，并尽量避免身处其中，因此回避群体的消费意识和消费行为都会受到消费者主观意识上的排斥。厂家在进行产品设计和宣传时，应尽量避免与消费者的回避群体趋于一致。

三、社会群体影响的原因

（一）群体信任感

由于社会群体本身具有可靠性、吸引力和实力，当消费者身处某个社会群体时，消费者会对该社会群体产生一种无条件的信任感。这种感觉是影响消费者购买行为的重要因素，消费者将很可能接受该群体的劝告和建议来购买相同的产品。如果消费者自己购买了某种产品，他也会主动将使用该产品的感受告知所在群体，同时在其他行为方面尽力与该群体保持一致。

（二）群体一致性的压力

当消费者身处某个社会群体时，该群体会形成一个共同的价值取向和行动指南。群体的共同价值观和一致性要求会对消费者带来一种无形的压力。这种压力会使消费者的行动不自觉地和整个群体趋向一致。这种群体一致性的压力也会影响消费者对于某种商品的选择和偏好，消费者会理所应当地选择群体成员都选择的商品，排斥群体成员都不选择的商品。

（三）偏离群体的恐惧

由于人是一种社会动物，需要通过群体的肯定来获得自己的价值。如果某人发现自己脱离了某个群体，就会产生一种孤独感和恐惧感。于是人们只能和群体大多数人的行为保持一致，来避免因孤独和恐惧所带来的压力。因此，消费者的消费行为总是尽量和群体的大多数人保持一致。比如某个消费者，明明不需要某种产品，但是因为群体大多数人都购买了该产品，他也会购买该产品。

四、所属群体对消费者购买行为的影响

所属群体对消费者的影响在于能使消费者的购买行为趋向一致。消费者对商品的认识和评价在很大程度上会受到群体中其他人的影响，因为所属群体形成的一种团体压力会使群体内的消费者自觉或不自觉地选择与其他人相同的品牌和商品。

五、参照群体对消费者心理的影响

参照群体对于消费心理的影响，主要表现在参照群体可以引起消费者的模仿欲望，从而影响他们的购买行为。参照群体是消费者想要加入的群体，因此消费者会自觉或不自觉地模仿参照群体的消费行为。模仿是一种学习的形式。当参照群体的消费模式是消费者欣赏而又愿意接受的，就会引起消费者强烈的效仿欲望，进而形成对商品购买的肯定态度。

> **实例 6-4　男士护肤品**
>
> 走进商场和超市，有很多品牌的化妆品标明男士专用。柔肤水、爽肤水、保湿乳液、洁面乳等护肤品，如今被越来越多的男士大大方方地使用。打着为男士设计旗号的护肤品正成为市场新热点。男士系列护肤品的目标群体，主要集中于25～45岁的白领男士。
>
> 在一家外企市场部工作的王先生说，自己经常要面对客户，"面子"自然重要，适当地用些护肤品，可以使自己容光焕发。
>
> 在早些年，男士护肤品市场几乎还是一片空白，可现在的男士，他们的消费观念正在发生改变。王先生的话综合反映了这一类被称为白领的消费群体心理的微妙变化，这类注重面子的男士的收入水平一般较高，工作环境中的现代气息很浓，工作性质对个人形象的要求较高。因此，他们有很强的自信心与自尊心。非常重视他人对自己的评价与看法，这些消费心理上就是消费观念新潮、消费欲望强烈的体现。
>
> 资料来源：李晓燕，刘剑，消费心理学（第2版），2010。
>
> 在日常消费活动中，任何消费活动都离不开群体。消费群体就是有某种共同特征的若干消费者组成的。不同的群体，受其成员的影响，会形成不同的价值观、生活方式、群体规范和行为准则。面对纷繁复杂的产品，人的需求虽然千差万别，但总会有某种共同特征，从而形成一个消费群体。属于同一群体的消费者在消费心理特征及购买行为、习惯等方面都有许多相同之处。不同年龄、不同性别的群体中，消费者消费活动的侧重点是不同的，他们的需求也不尽相同。

第三节　社会阶层对消费者的影响

一、社会阶层的概念

社会阶层指将全体社会成员按照一定等级标准划分为地位相互区别的社会集团。同一社会阶层成员在态度、行为、消费模式和价值观等方面具有相似性，不同集团成员存在差异性。

不同社会阶层的消费者由于在职业、收入、教育等方面存在明显差异，因此即使购买同一产品，其兴趣、偏好和动机也会不同。比如同是买牛仔裤，温饱阶层的消费者可能看中的是它的耐用性和经济性，而富裕阶层的消费者可能注重的是它的时尚性和自我表现力。对于市场上的现有产品和品牌，消费者会自觉或不自觉地将它们归入某一阶层的消费内容。应当注意的是，处于某一社会阶层的消费者会试图模仿或追求更高层次的生活方式。

处于同一社会阶层的成员，会把该阶层的其他人看作是与自己地位相同的平等人，会把高一阶层的人看作是比较重要的人物，而对社会阶层较低的人的消费和活动不感兴趣。一些消费者之所以购买某种商品，很可能是因为这些商品被同阶层或更高阶层的消费者看重，如果是属于较低阶层的消费商品则会受到较高一层阶层的消费者的排斥。

> **实例 6-5　给消费者一个乐于模仿的榜样**
>
> 汤姆是一位销售专家，他随身携带着一本有许多页的客户名单，名字都是客户自己手写的。他将名单放在桌子上。
>
> "你知道我们非常以我们的客户为荣，"他说，"你认识最高法院的威廉法官，对吧？我估计你也认识理查德，全国制造公司的总裁。他们都是用过我们的产品的。你看，这是他们的名字。"他饶有兴致地和客户谈论着这些名字，然后说："有这样一些人都接受了我们的产品，如……"他接下来念着一些更知名的人的名字，"具有这种才干的人是什么人，就具有什么样的判断力。我想把你的名字写在下面，和威廉法官与普雷市长的名字放在一起。"
>
> 无须再进行其他的争论，汤姆就已和多数客户成交了。
>
> 资料来源：张易轩，消费者行为心理学，2014。
>
> 不管是有意还是无意，每个人都有不可避免的模仿心理机制。一般情况下，人们更愿意模仿更高社会阶层的消费习惯。对于企业来说，如果可以合理地运用消费者这一心理特点，给消费者一个乐于模仿的榜样，不仅可以证明自己商品的质量，还可以消除消费者的疑虑，获得消费者的信赖，从而达到增加销售量的目的。

二、社会阶层与消费心理

对于社会阶层有不同的划分标准。一般来说，社会科学中常从财富、权力、声望这三个维度来划分社会阶层。在消费心理学中，一般从职业地位、家庭经济收入、受教育水平来划分社会阶层。对于社会阶层的划分，不同的国家和学者有着不同的标准和方式。一般情况下，目前中国主要划分为五个社会阶层。

（一）主要社会阶层划分及其消费心理

1．富有阶层

富有阶层，恩格尔系数在 0.29 及以下，占家庭总数不到 10%。这一阶层的家庭，主要由企业家、著名演员、体育明星、名作家、名画家等组成。这一阶层的消费者有一种永不满足的心理，过分追求自我价值和自我地位的体现，购买喜爱的物品时从不在乎价格，他们是高档商品的主要消费者。其消费行为的特点是，享受奢侈品消费，如高档别墅、豪华汽车、高档时装、名牌商品、豪华饭店等，炫耀式消费明显。

2．富裕阶层

富裕阶层，恩格尔系数为 0.30～0.39，占家庭总数的 10%以上。这一阶层的人主要由有一定专业和技术特长的高级技术人员、个体经营者、公司高管等构成。富裕阶层的消费者具备良好的生活条件，追求时尚和个性化的消费。他们的主要行为特点是，注重商品的品质和品牌，喜欢用消费突出自己的身份和地位，讲究吃穿，追求时尚，偏爱高品位的商品和高雅舒适的享受。

3．小康阶层

小康阶层，恩格尔系数为 0.40～0.59，占家庭总数的近 40%。我国大中型城市和发达农村的大部分家庭都属于这一类型。此阶层已经完全摆脱温饱的生活限制，由于经济不再是考虑的主要问题，他们开始讲究体面，扩展消费领域，增加消费项目，并向教育、文化、旅游等方面投资。他们的主要行为特点是，信任名牌商品和进口商品，有较强的消费意识，消费时突显个性需要。同时偏爱简单快捷的消费，购买时更多考虑的是方便快捷性和品质。

4．温饱阶层

温饱阶层，恩格尔系数为 0.60～0.69，占家庭总数的 30%左右，这部分家庭主要由中小型城市的普通居民和工薪阶层及一般农村家庭构成。此阶层在维持基本生活的前提下，收入相对有结余，但由于经济并不宽裕，他们谨慎消费。他们的主要行为特点是，喜欢廉价实用的商品，对商品的耐用性和售后服务要求很高，追求物美价廉的商品，看重日常消费，对价格敏感，购物时精挑细选，不追求时尚或名牌。

5．贫困阶层

贫困阶层，恩格尔系数在 0.70 以上，甚至超过 0.80，占家庭总数的不到 10%，主要包括失业下岗工人、低收入职工和经济落后的贫困农村家庭。此阶层的消费者将全部收入用来维持基本生活。他们消费行为的主要特点是无独立的消费意识，只购买廉价的生活必需品，低价实惠是其主要的消费动机。

（二）不同阶层消费心理差异

1．消费观念

不同社会阶层的消费者所选择和使用的产品是存在差异的。上层消费者更多地购买高档商品，而另外一些产品如廉价服装则更多地被下层消费者购买。下层消费者的支出行为从某种意义上带有"补偿"性质。一方面，由于缺乏自信和对未来并不乐观，他们十分看重眼前的消费；另一方面，较低的教育水平使他们容易产生冲动性购买。

2．购买方式

社会阶层从很多方面影响个体的购买方式。一个人所偏爱的购买方式通常是同一阶层或临近阶层的其他人所喜欢的购买方式，他购买的商品往往也会受到同一阶层或较高阶层成员的影响。虽然在不同阶层之间，有时会出现相同的购物方式，如网购，但网购的类型和产品却差别颇大。

3．购买地点

人们的购买地点会因社会阶层而异。一般而言，人们会形成哪些地点适合哪些阶层的消费者惠顾的看法，并倾向于到与自己社会地位相一致的商店购物。通常，较高阶层特别青睐那些购物环境优雅、品质和服务上乘的商店，而且乐于接受新的购物方式；中层消费者比较谨慎，对购物环境有较高要求，但也经常在折扣店购物；下层消费者由于受资金限制，对价格特别敏感，多到廉价的地摊、批发市场购物。

4．信息获取

信息搜集的类型和数量也随社会阶层的不同而存在差异。处于最底层的消费者的信息来源有限，对误导和欺骗性信息缺乏识别力。由于信息来源有限，他们在做购买决策过程中可能更多地依赖亲戚、朋友提供的信息。中层消费者比较多地通过各种媒体获得各种信息，而且会更主动地从外部搜集信息。随着社会阶层的上升，消费者获得信息的渠道会日益增多。

实例6-6　中国少儿消费新趋势

近年来随着二胎政策的放开，小孩在家庭消费中的地位日益突出。在涉及自身的消费活动中，个性化色彩也变得更加浓厚。一位六年级小学生的母亲说："我们小的时候花钱买东西全听大人的，现在不是了。小孩见多识广，什么牌子好，什么款式新，比大人都明白，我要是自作主张给他买吃的穿的用的，八成不对心思。"

专家指出，在这些少儿的消费倾向中，由于年龄的差别造成的差异也较为明显。一般来说，年龄较小的孩子，较注重感性的东西，如爱吃各种零食和麦当劳、肯德基等快餐食品，喜欢买漂亮的卡通产品，玩电子游戏等。而对于年龄稍大的孩子，则更注重满足自己的精神需要，他们喜欢时尚潮流。例如，他们买一双耐克鞋，并不在意这双鞋穿起来多么舒服，而在意这双鞋是名牌，是时尚的代名词。

资料来源：李晓燕，刘剑，消费心理学（第2版），2010。

随着社会的进步和经济的发展，不同社会群体的消费心理和消费行为有了很大的变化。正确分析不同社会群体的消费心理，对企业的经营活动有很大的意义。

案例分析　由一篇记者调查看到的

某报社记者在调查中发现中学生花钱喜欢随大流，每到放学时，在学校门口卖小商品的摊位生意格外火爆。中学生常常去店里买些花哨的文具、手机挂件等小玩意。初中生孙明说："班里某个同学买了一块卡通橡皮，不到一周很多人都跟风购买。其实也未必特想要，就是觉得别人有的自己也要有。"

其实不光是中学生买东西喜欢随大流，成年人又何尝不是？比如，看电视台热播广告中的名人明星效应，再看超市里消费者，购买商品时人总是越排越多。

——资料来源：戴卫东，刘鸽，消费心理学，2011。

【案例分析题】
1. 为何中学生消费喜欢随大流？
2. 研究社会群体消费心理对企业营销的意义何在？

本章小结

消费心理受到外部社会环境因素的影响，本章主要介绍了影响消费心理的社会环境因素，包括社会文化、社会群体和社会阶层。

练习题

一、单项选择题

1. （　　）指消费者向往的群体。
   A. 正式群体　　B. 非正式群体　　C. 自觉群体　　D. 参照群体
2. （　　）指将全体社会成员按照一定等级标准划分为地位相互区别的社会集团。
   A. 社会阶层　　B. 社会阶级　　C. 消费阶层　　D. 消费阶级
3. 每个特定的群体又会形成一种细致的区域文化，这就是（　　）。
   A. 文化　　B. 本土文化　　C. 亚文化　　D. 民族文化

二、多项选择题

1. 文化的层次包括（　　）。
   A. 表层文化　　B. 物质文化　　C. 制度文化　　D. 软文化
   E. 精神文化
2. 社会群体可以分为（　　）。
   A. 正式群体和非正式群体　　　　B. 自觉群体与回避群体
   C. 文化群体与亚文化群体　　　　D. 所属群体与参照群体
   E. 自觉群体与参照群体

三、判断题

1. 参照群体是消费者想要加入的群体。（　　）
2. 从消费学的角度来讲，亚文化对消费者的影响比社会文化更重要。（　　）
3. 不同社会阶层成员之间的态度、行为、消费模式和价值观等方面具有相似性。（　　）
4. 所属群体对消费者的影响在于能引起消费者的模仿欲望。（　　）
5. 自觉群体是消费者在主观上把自己归入的某个群体。（　　）

实训项目

社会环境调查

一、实训目的

调查社会环境对消费心理的影响。

二、实训内容

1. 根据学校周边环境,调查可能影响消费心理的环境因素。
2. 分析这些环境因素对消费心理的影响。

三、实训要求

1. 按教学班级进行分组,每组 5~8 人,按组进行调查。
2. 小组成员针对自身情况逐一陈述分析。
3. 由每组组长负责完成分析报告的撰写。

第七章

产品策略与消费心理

学习目标

能力目标

- 能分析企业名称、包装、品牌和商标的特点。
- 能够分析产品生命周期各阶段的消费者心理和营销策略。

知识目标

- 了解商品命名、包装、品牌和商标的心理功能和策略。
- 了解产品生命周期理论。
- 掌握商标设计与运用策略。
- 掌握生命周期不同阶段的消费心理特点及营销策略。

引导案例

阿里巴巴名字的来历

至于阿里巴巴的来历,马云自己回忆说,成立阿里巴巴之前,他一直为公司取名字发愁,因为他想取一个具有国际范的名字。有一天,他在旧金山的一家餐馆用餐。他问女服务员:"你知道阿里巴巴吗?"女服务员回答说:"知道呀。"马云又问她:"什么意思呢?"女服务员脱口而出:"芝麻开门。"随后,马云又问了十几个不相识的美国人,他们全都知道四十大盗和芝麻开门的故事。阿里巴巴,世人皆知,具有国际性,更重要的是在英文里阿里巴巴以"A"字开头,马云想办一家全球第一的公司,这个名字当然是再合适不过了。在以成败论英雄的今天,马云成为很多人心目中的大英雄。2018 年最具价值中国品牌 100 强中,阿里巴巴位居第二。

资料来源:http://www.360doc.com/content/16/1104/17/480416_603938796.shtml。

【引入问题】

从品牌的消费心理的角度评价阿里巴巴的品牌名称。

第一节 商品命名、包装设计与消费心理

商品命名的主要目的是引起人们的注意并让人记住,最好能激发起人们的联想和购买

兴趣，好的名称能为产品加分增值。

一、商品命名及消费心理

商品命名就是企业为产品取名字的过程，是运用语言文字给商品起一个能吸引消费者并能在一定程度上概括反映其某些特性的文字称号。一个好的名字，是一个企业、一种产品拥有的精神财富。一个好的名字不仅能唤起人们美好的联想，刺激人们的购买欲望，而且使拥有者得到鞭策和鼓励。

（一）商品命名的心理功能

商品命名的方法虽然多种多样，但基本心理功能主要有以下四个方面：

1．认知商品

通过概括反映商品的特点、用途、形状等属性，消费者能迅速获得商品的相关信息并感知商品。

2．便于记忆

朗朗上口、言简意赅的名字能给人留下深刻印象，当消费者有购买需求的时候，就会想起这种商品。

3．诱发情感

商品名称如能反映不同购买者和使用者的个性心理特征，具有某种情绪色彩和特殊意义，符合消费者某方面的心理需要，就会得到消费者的信任和偏爱。

4．启发联想

商品名称如果寓意深远、风趣幽默、新鲜脱俗，则能启发消费者对美好事物的回忆和想象，加深对商品性能的理解。

（二）商品命名的心理策略

每一种商品命名的方法都有其特色和使用范围，但所有命名的核心都是使产品名称更好地适应消费者的心理特征，满足他们的需求。在选择命名方法时，不能千篇一律，要充分考虑商品性质的差异、用途的限制和实际效果。

1．根据商品的主要效用命名

根据消费者的求实心理，在商品命名时突出商品的性能和功效，以其本质特征直接命名，如"感冒灵"。

2．根据商品的主要成分命名

把商品所含的重要成分体现在商品名称里，多用于食品和药品的命名。如"美加净银耳珍珠滋养霜""人参蜂王浆"直接反映名贵原料，从而引起消费者的购买欲望。

3．根据商品的产地命名

用商品的出产地或传统商品生产地作为商品名称，如"青岛啤酒""云南白药牙膏"等。

4．根据人名命名

用历史或现代名人、民间传说人物、产品首创人作为商品的名称，如以名人的名字命名的"李宁服饰"。

5．根据商品的外形命名

利用商品独特的外形，吸引消费者的注意和兴趣，如"鸭舌帽""动物饼干""棒棒糖"等。

6．根据商品的制作方法命名

利用产品的独特工艺和加工过程，提高消费者的认可度，产生货真价实、质量可靠的感觉，如"烧饼""鲜榨橙汁"等。

7．根据美好形象的事物或形容词命名

利用美好的形容词比喻商品，使消费者产生美好的联想，如"红双喜"等。

8．根据外文译音命名

根据进口商品的外文直译为中文的谐音，激发消费者的好奇心，同时克服翻译的困难，如"咖啡"、"夏普"电视机。

商品的命名方法还有许多，其中有两点要求尤为重要：①不能生搬硬套，要结合商品的自身情况，灵活选择适合自己商品的命名方法；②要强调命名的创意性，要具有独特的感染力和诱惑力，让人难忘，具备独特竞争优势的品牌冲击力。

（三）商品命名的技巧

一个好的名字能唤起人们美好的联想，在激烈的竞争中脱颖而出，使拥有者得到鞭策和鼓励。商品命名的技巧主要有以下几点：

1．定位准确

一个好的名称最好能够直接暗示自己的品类和服务。易到用车，意味着很容易叫到车；淘宝，就是淘换宝物的商城；支付宝，能够让人联想到金钱、支付。

2．易懂

通俗易懂，一定要做到四个"易"：易认、易写、易读、易记。在商品命名的时候，一定要避免生僻字，笔画能简则简。

3．意蕴良好

商品名称要能唤起消费者美好的联想，这直接关系到商品的销量。

4．信息辨别度高

大部分名字都存在明显的性别特征和年龄特征，这类特征让消费者不需要看说明就可以判断是男性用品还是女性用品，是适合年龄大的还是年龄小的，缩短了交易时间。

5．悦耳动听

好听的名字更容易传播，如"娃哈哈"的创始人宗庆后考虑到商品的直接消费者是儿童，认为"娃哈哈"三个字最适合儿童的心理，"哈哈"是一种笑声，悦耳动听的名字能立即引起孩子的好感。

二、商品包装设计与消费心理

商品的包装在产品整体概念中占有重要的地位，尤其在现代市场营销中，包装的意义已经远远超越了它作为容器保护商品的作用。根据美国的一项调查，有50%～60%的消费者是受包装的影响而产生购买欲望并付诸购买行动的。

（一）商品包装的作用和心理功能

商品包装的最初功能是承载和保护商品，使之最大限度地免遭挤压和碰撞，从而维持商品的使用价值。

1．保护功能

商品包装的首要功能就是保护商品的内在质量不受损。商品在运输、流通过程中，如果没有良好的包装，商品可能会受到不同程度的损伤，从而丧失商品的使用价值。

2．吸引注意功能

当商品的质量不容易从产品本身辨别的时候，人们往往会凭借包装做出判断，因此包装成为商品差异的主要因素之一。心理学研究分析，一件包装设计要想引起消费者注意并能理解、领会，进而形成牢固的记忆，是和作用于人的眼、耳等感觉器官的包装中的文字、色彩、图形及声音等因素的新奇性分不开的。

3．便利功能

包装划分出适当的分量，提供了可靠的保存手段，又便于携带和使用，还能够指导消费者如何使用。因此，为了满足消费者的携带或保存需要，设计合理、便利的商品包装，能使消费者产生便利感，刺激消费者购买。

4．美化功能

现代商品的包装越来越注重艺术性，让消费者赏心悦目，刺激其感官，引起注意。美的包装能给商品起到锦上添花的作用，从而有效促使潜在消费者变成现实消费者，甚至变成长久型、习惯型消费者。

5．传递信息功能

包装上有关商品功能作用、使用方法、注意事项的表述，能使消费者增长知识，加深对商品的认识；有关商品重量、效能参数、优点等的说明介绍，能让消费者在商品中进行比较；有关商品原料成分、加工方法、出厂日期、检验标记等内容能解除消费者的疑虑。不同行业的产品的包装设计要求传递不同的商业信息。

> **实例7-1** 山姆森玻璃瓶：一个价值600万美元的玻璃瓶
>
> 说起可口可乐的玻璃瓶包装，至今仍为人们称道。1898年鲁特玻璃公司一位年轻的工人亚历山大·山姆森根据女友穿的一套裙子的形象设计出一个玻璃瓶。
>
> 当时，可口可乐的决策者坎德勒在市场上看到了山姆森设计的玻璃瓶后，认为非常适合作为可口可乐的包装，于是他主动向山姆森提出购买这个瓶子的专利，最后可口可乐公司以600万美元的天价购买下此专利。100多年前，600万美元可是一项天大的投资，然而，实践证明可口可乐公司这一决策是非常成功的。
>
> 亚历山大·山姆森设计的瓶子不仅美观，很像一位亭亭玉立的少女，而且使用非常安全，易握不易滑落。更令人叫绝的是，其瓶型的中下部是扭纹型的，如同少女所穿的百褶裙。此外，由于瓶子的结构是中大下小，当它盛装可口可乐时，给人的感觉是分量很多的。采用亚历山大·山姆森设计的玻璃瓶作为可口可乐的包装以后，可口可乐的销

量飞速增长，在两年的时间内，销量翻了一倍。从此，采用山姆森玻璃瓶作为包装的可口可乐开始畅销美国，并迅速风靡世界。600 万美元的投入，为可口可乐公司带来了数以亿计的回报。

资料来源：臧良运，消费心理学，2015。

可口可乐富有创意的玻璃瓶包装，让消费者第一眼看见它就会留下深刻的印象并产生购买欲望，使可口可乐畅销全世界，助力可口可乐走向成功。可见，包装对于提高企业的销售额起着关键的作用。

（二）商品包装设计的心理要求

成功的包装设计，不仅需要结合材料学、化学、物理等科学原理，进行包装工程性能方面的设计，还必须结合心理学、美学、市场学等基础知识，设计出富有感染力的商品内外层包装，在对现代商品包装的各项设计中，应考虑以下几个特性：

1. 安全实用，便于携带

包装的设计必须能够满足消费者的核心需求——实用性。外层包装以商品的物理形态、化学性质为出发点，选择适当的材料。内层包装要根据不同商品的特点，采用不同的形式。另外，要防止过度包装，否则会使人感到华而不实。

2. 商品属性明确

消费者的心理是希望其包装与商品表里统一，对购买商品一目了然，因此在外包装的设计上应用透明式、开窗式、敞开式的包装形式，直接地显示商品形象，也可以运用写真式摄影包装，或者视频扫码间接地显示商品形象。在设计外包装的色彩、文字、图案等方面，视觉传达的信息都应该与商品属性相协调，正确引导消费者展开联想。

3. 新颖别致

英国著名设计师加德先生说："成功的包装设计是在 7 秒钟的时间内把信息传达给消费者，在 4 米远就能把消费者吸引过来。"试想，人们在琳琅满目的商场，如果商品不能有力地吸引其目光，引起他们的注意，并使之不能很快地清晰辨认商品的名称、内容，那么这个包装设计就是不成功的。因此，为了吸引消费者的眼球，商品包装的设计就要求新颖别致，趣味十足。

4. 诱发联想

在商品包装设计元素中，色彩冲击力最强。商品包装所使用的色彩，会使消费者产生联想，诱发各种情感，使购买心理发生变化。但使用色彩来激发人的情感时应遵循一定的规律。

5. 信任感

消费者往往会通过包装来研究商品，都希望买到货真价实的商品，包装可以说是消费者决定是否购买的最后广告，如果在包装上突出厂名、商标，不仅有助于减轻购买者对产品质量的怀疑心理，而且也是对企业和产品的宣传，一举两得。

（三）商品包装设计的心理策略

1. 按照消费习惯设计包装

人们在日常生活中，由于生活经验、传统观念、生理特点等因素，会形成一定的消费习惯，因此，尊重消费者的习惯，采用消费者容易接受的包装是包装设计重要的心理策略。

（1）传统型包装

即某产品长期沿用特有的包装，往往比较适合消费者的传统观念，便于他们识别与记忆商品，如"茅台"酒特有的白色瓷质瓶包装就属于这种形式。

（2）系列式包装

即将用途相似、品质相似或者同一品牌的商品，采用一致或类似的图案、色彩、形状的包装，便于消费者识别，从而增强识别和记忆。

（3）配套式包装

即满足消费者对商品连带使用或匹配使用的习惯，将相关商品组合起来包装。如将笔墨纸砚同时包装，洗护产品同时包装，能让消费者既方便购买也方便使用。

（4）分量式包装

即按照不同分量包装的形式，既能适应不同消费者的习惯，方便消费者使用，还能通过量的大小，让消费者产生优惠的感觉，便于消费者购买。

2. 按照消费者的消费水平设计包装

消费者的经济状况和生活方式存在差别，对包装也会提出不同的要求。因此，需要针对不同的消费对象，有针对性地设计包装。

（1）简易包装

这是一种低成本、构造简单的包装。要求经济实惠、价格低廉，以满足消费求实、求廉的心理。如日用品多采用简易包装，并配以"省钱省在包装上"的广告宣传，便会很快迎合消费者讲求实惠的心理。

（2）高级包装

按照商品的高档、中档、低档，分别采用相应的包装材料和包装设计，使之与商品价值相吻合，并且适应不同消费能力、社会地位和购买目的的消费者需求。它可分为精装和简装。

（3）特殊包装

这是针对价格昂贵、货源稀奇、工艺精良的名贵商品专门设计的包装形式。这种包装的造型结构独特，制作精细，保护性强，它甚至可以作为艺术品。

（4）复用包装

这是指能周转使用或具有多种用途的包装。当消费者把原商品用完后，这种包装可以为消费者提供其他用途，满足消费者一物多用、求利的心理，并且能起到长期广告宣传的效果。

3．按照消费者性别、年龄设计包装

消费者的性别和年龄不同，在生理和心理上也存在很大的差异。尤其随着市场细分化，差异也体现在包装设计上，因此，对商品包装的设计要突出个性特征。

（1）男性化包装

适应男性刚劲、庄重、坚毅、粗犷等心理要求，采用表现力度强的男性气质包装。

（2）女性化包装

适应女性温柔、典雅等心理需求，包装精致，体现女性魅力。

（3）中老年用品包装

适应中老年人求实、求廉的心理要求，采用传统与实用相结合，突出舒适、实用的包装，避免华而不实的包装。

（4）青年用品包装

适应中青年消费者求新、求奇、求趣、求变、求美的个性心理需求，采用个性时尚的包装设计，通过知识和情感的结合，吸引消费者注意。

实例 7-2　男士、女士香水包装设计

"香奈儿"男用香水的蔚蓝男士香水系列，极蓝似黑的瓶身，全然释放自由的魅力。其形状正适合男人之手，它是为喜爱旅行、幻想未来的男士所设计的，是勇敢、机敏、富于冒险的充分体现，它既传统感性又现代理性，既远又近，它纯净、自然的气息，深受男士们的喜爱。

"琶音"这一香水名字来源于音乐中的音调，是法国著名时装设计师兰蔻为庆祝女儿 30 岁生日设计的一款优质香水，优雅、自然、纯净。香水瓶是由阿尔芒·拉多设计的，带有迪考艺术的风格。黑色球状的瓶身与小的金色球形瓶盖，加上图像简洁、金灿灿令人感动的商标，使整个香水体现出神秘、典雅、精致的风格。

资料来源：https://www.chanel.cn。

"香奈儿"的蔚蓝男士香水包装给人以简洁、优雅、和谐之感，通过严谨、简洁的直线造型，联想到男士充满阳刚之气的形象，符合大多数男士的心理要求，定位准确。而兰蔻的"琶音"球状黑色瓶身，让人联想到女士典雅温柔并带有一丝神秘的形象，独特的设计能让消费者马上辨认出商品的属性，并被其所吸引。因此，随着市场的细分化，商品的个性化已经体现到了包装设计上。

第二节 商品品牌、商标与消费心理

一、商品品牌与消费心理

在现代市场经济中,品牌已被公认为企业非常重要的无形资产,是企业核心价值的体现。现代营销理论认为,一个品牌是在某些方式下能将它与用于满足相同需求的其他产品和服务区别开的一种产品或服务的特性。因此,品牌是企业和消费者信任的桥梁,维持一个良好的品牌形象,就等于拥有了一笔巨大的财富。

(一)品牌的概念及其功能

1. 品牌的概念

品牌是一种名称、术语、标记、符号或图案,或是它们的相互结合。名称、术语可用语言称呼的部分叫品牌名称,是品牌传播的基础,如联想、海尔、华为等;而不能用语言称呼的部分叫品牌标识,如符号、标记、图案等。

因此,品牌是一个复合概念,由品牌名称、品牌形象、品牌认知、品牌联想、品牌标识、品牌色彩等要素构成。

2. 品牌的功能

(1) 识别功能

品牌的建立是用来识别某个销售者的产品或服务的,消费者可以通过品牌知道产品是哪个国家生产的、哪家企业生产的。品牌代表着不同形式、不同质量、不同服务的产品,可为消费者认知、购买和使用提供借鉴。

(2) 导购功能

消费者在众多的商品中进行挑选时,只需要根据品牌就可以迅速找到所需要的产品,从而减少消费者在搜寻过程中对时间的浪费。企业不仅是将商品销售给目标消费者或用户,还要使消费者或用户通过使用而对商品产生好感,形成品牌忠诚,围绕品牌形成消费经验,存贮在记忆中,使消费者或用户将来购买时直接从记忆中提取,从而促成重复购买。

(3) 安全功能

企业设计品牌、创立品牌、培养品牌的目的是希望此品牌能变为名牌,于是在产品质量上下功夫,在售后服务上做最大努力。知名品牌就代表了一类产品的质量档次,代表了企业的信誉。选择知名品牌可以帮助消费者提高购买的安全感。

(4) 增值功能

品牌作为企业的无形资产,可以随着自身价值的含金量变化而增值或贬值。品牌以质量取胜,常附有文化及情感的内涵,因此给产品增加了附加值。同时,品牌有一定的信任度和追随度,企业可以为品牌制定相对较高的价格,以获得较高的利润。

(二)商品品牌的消费心理效用

品牌与消费活动密切相关,会对消费者的购买心理产生重要影响。品牌通过鲜明的标识、匠心独具的设计,以及对商品外观和内在功能的阐释,加强对消费者的刺激。

1. 信息暗示

消费者对自己需要购买的商品的了解往往并不是通常想象得那么专业,他们对产品的了解信息是不对称的,但消费者会尽量多地去获取产品信息。因此,品牌正是通过自身所包含的内在信息,以暗示的方式让消费者快速了解产品信息并产生安全感,从而产生购买行为。

2. 个性展现

琳琅满目的商品,成千上万的品牌,产品相互之间的差别越来越小,产品的同质化使消费者单凭产品本身很难分辨出优势,甚至找不到自己的喜好。品牌经过多年的发展,积累了独特的个性和丰富的内涵,而消费者借助品牌标记,可以购买与自己相适应的品牌来展现自己的个性、身份、地位及所属群体等。

3. 消费经验

消费者无论是购买还是拥有或使用这个产品,都会形成与品牌有关的独特消费经验。很多时候,消费者购买的不仅是产品的使用价值,他们更希望能够延续以前的消费体验。

(三)提高品牌忠诚度的策略

品牌对于消费行为具有强化的心理功能。成功品牌的一个重要特征,就是始终如一地将品牌的功能与消费者心理上的欲求联结起来,通过这种形式,将品牌信息传递给消费者,使其在心理上产生效应。

1. 品牌忠诚

品牌忠诚指消费者在购买决策中,多次表现出的对某个品牌有偏向性而非随意的行为反应。

2. 提高品牌忠诚度的策略

(1)切实满足消费者需求

企业要建立品牌忠诚度,赢得消费者的好感,其一切活动就要围绕消费者展开,从消费者的角度出发,切实考虑他们的内心和潜在需求。让消费者在购买使用产品与享受服务的过程中,有难以忘怀、愉悦、舒心的感受。因此,企业在营销过程中必须摆正短期利益与长远利益的关系,必须忠实地履行自己的义务和应尽的社会责任,以实际行动和诚信形象赢得消费者的信任和支持。这是提高品牌忠诚度最好的途径。

(2)产品不断创新

产品的质量是消费者对品牌忠诚的基础,在某种意义上说,消费者对品牌的忠诚也就是对其产品质量的忠诚。产品只有不断创新,才能让消费者感觉到品质在不断提升。

(3)倾听消费者的心声

企业只有倾听消费者的心声,通过与消费者保持有效沟通,才能及时了解消费者的需求并给予有效满足。企业可以通过定期访问消费者、建立消费者档案等方式,与消费者保持长期而稳定的关系,从而提高品牌忠诚度。

(4)提供物超所值的附加产品和服务

根据产品的概念,企业不仅要注意核心产品和有形产品,还应更多地关注附加产品和服务。在市场竞争日趋激烈的今天，企业提供的产品越来越同质化，谁能为消费者提供物超所值的额外利益，谁就能最终赢得消费者。

二、商品商标与消费心理

（一）商标的概念及其心理功能

现代企业资产构成中，商标已被公认为企业重要的无形资产。它对消费者的心理活动产生重要的影响。

1．商标的概念

商标是商品的标记，用来表示商品的特殊性质，是工商企业为了标明其制造或经营某种商品的质量、规格和特征的标识。一个商标一般由两个部分组成：一是发音的文字或数字，称为品名；二是不能发音的符号、图案，称为品标。二者必须兼而有之，才能构成商标。如iPhone，苹果是品名，咬了一口的苹果图案是品标。

品牌是一个市场概念，而商标是法律概念。一个品牌，要经过必要的法律注册后，才能成为"商标"。商标具有专有权，受法律保护。

2．商标的心理功能

（1）识别功能

通过特定的文字、图形和符号，使一种商品区别于其他同类商品。商标是商品的直接外在标识，当人们看到某一种商标时，就可能会想象出某种商品的属性和形态。因此企业必须精心设计自己商品的标记，使消费者易识、易记。

（2）保护功能

商标一经注册登记，就具有受法律保护的专利权，对仿冒已注册商标者，要追究刑事责任。这样既保护了企业的合法权益，也保护了消费者免受假冒商品的损害。

（3）传播功能

商标作为企业形象和商品形象在消费者之间交流传播，就会影响消费者的品牌偏好，从而产生相信品牌、追求名牌、忠实老牌等不同类型"认牌购货"的消费行为。因此，世界上许多大公司都不惜耗费巨资精心选用商标，培植信誉。

（4）强化功能

一个设计出色的商标会使人过目不忘，给消费者以深刻的印象，强化其记忆功能，增强偏好，从而形成品牌忠诚，消费者就不易改变对商品的印象，因此，企业的商标有强化消费者偏好或摒弃的功能。

（二）商标设计的心理策略

商标设计既是艺术创作，又需要遵循一定的策略，即符合消费者的心理。

1．形象生动

人体五种感官获得信息的比重依次为：视觉占60%，听觉占20%，触觉占15%，嗅觉占3%，味觉占2%。形象生动的商标，使人看图知义，印象深刻，是对心理学原则的最佳运用。

2. 简便易记

商标是供人们呼叫和识别用的，是提高商业广告效果的普遍手段之一，因此，商标必须用简洁明了、易于拼读的字词，易于识别和记忆的图案，使人易懂易记，在短暂的视听时间里，在消费者的头脑里留下清晰的印象。

3. 配合目标市场

有意识地强调使用对象或商品等方面的特征，可以使人一见到或一听到就能想象出它的质量、性能，由此产生好感，激起其购买欲望。

4. 体现商品的特点和风格

商标的设计应结合商品的特点，突出个性化，使人们记忆深刻。

5. 尊重习俗

各个国家的政策法规、生活环境、宗教信仰、风俗习惯等有所不同，并且反映在对事物的好恶上。因此，在面对不同的市场时，企业的商标必须注意尊重当地的风俗习惯，否则，即使产品质量上乘，也很难打开销路。

实例 7-3　索尼公司的品牌和商标诞生历史

索尼公司创建于 1946 年。索尼公司创业之初有一个不太吸引人的名称"东京通信工业"，创办者盛田昭夫与井深大觉得拉丁文 SOUNDS（表示声音之意）还不错，与公司产品性质相符合。他们将它英语化，并受到盛田先生最喜欢的歌《阳光男孩》（Sunny Boy）的影响，改成 Sonny，其中也有可爱之意。但是日文发音的 Sonny 意思是"赔钱"，为了适应日本文化，把第二个"n"去掉，SONY 的大名从此诞生。一个好的品牌不仅需要一个好的名字，还需要设计一个好的产品标志来体现。最初，产品标志设计成用高而细的斜体字母合成的"SONY"，外加一个正方形外框。对这个设计，盛田先生极不满意。原因有二：一是与公司更换品牌的初衷——简单明了、独特易记相违背；二是"SONY"被正方形框住，给人以禁锢拘束的感觉，与索尼公司的开拓创新的企业精神相抵触。经过细心规划，终于形成了延续至今的索尼公司标识：由正直的粗体大写字母组成的"SONY"。将细长字体变为粗体，去掉正方形外框，给人以沉稳踏实、明快简洁和自由豁达的感觉。

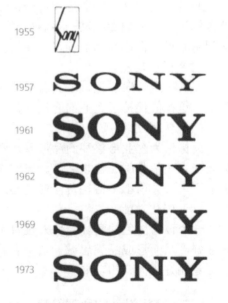

资料来源：www.sony.com.cn

"Sony"这四个字母让人们很容易读出和记住，成为让消费者信任、对产品负责的同义词，过硬质量、小型化、创新化是这个品牌留给消费者的第一印象，"心怀梦想"、充满创意使"Sony"不断创造着全新的娱乐方式，影响着世界的各个角落。粗体的大写字母，明快简洁、自由豁达的商标更给人以返璞归真的感觉，让消费者觉得踏实和稳重，为索尼的成功奠定了坚实的基础。

第三节　产品生命周期与消费心理

一、产品生命周期理论

在市场流通过程中，由于消费者的需求、消费方式、消费结构和消费心理的变化会导致商品由盛转衰，因此研究产品生命周期各阶段的消费者心理，并针对各个阶段的特点制定相应的营销策略来延长生命周期就显得尤为重要。

（一）产品生命周期的含义

产品生命周期（product life cycle），也称"商品生命周期"，指产品从投入市场到更新换代和退出市场所经历的全过程。典型的产品生命周期一般可分为四个阶段，即导入期、成长期、成熟期和衰退期。

1．导入期

导入期指新产品刚刚投入市场的最初阶段。在这一阶段，由于技术方面的限制，产品不能大批量生产，制造成本高，产品销售额增长缓慢，企业不但得不到利润，反而可能亏损。虽然导入期得不到丰厚的利润，但是对于产品以后的市场发展是至关重要的。

2．成长期

成长期指产品在市场上取得消费者的认可，销售量和利润迅速增长的阶段。这时产品开始大批量生产，一方面生产成本开始降低，另一方面销量开始迅速增加，销售增长率达到整个生命周期的最高点。与此同时，竞争者看到有利可图，将纷纷进入市场，竞争日益激烈。

3．成熟期

成熟期指市场需求趋向饱和，销售额增长缓慢直至转而下降，潜在的消费者已经很少。在这一阶段，产品的销售量达到最高点后开始下降，利润在这个时期达到最高点后也开始回落，市场竞争更加激烈，产品售价开始降低，促销费用开始增加。

4．衰退期

衰退期指产品销量急剧下降，产品逐渐被市场淘汰的阶段。由于科学技术的发展，新产品或新的替代品相继出现，消费者的注意力开始转向其他产品，从而使原来产品的销售额和利润额迅速下降，此时成本较高的企业就会因无利可图而陆续停止生产，留在市场上的企业将维持最低水平作为经营目标。

（二）产品生命周期曲线

产品生命周期这一概念，是把一个产品的销售全过程比作人的生命周期，要经历出生、成长、成熟、老化、死亡等阶段。就产品而言，也就是要经历一个开发、引进、成长、成熟、衰退的阶段。表 7-1 是产品生命周期各阶段的特点，图 7-1 所示为一般产品的生命周期曲线。

表 7-1　产品生命周期各阶段的特点

产品生命周期	特点
导入期	销售缓慢，利润为零或为负
成长期	销售快速增长，利润明显增加
成熟期	利润到达最高点后走下坡路
衰退期	销量显著衰退，利润大幅度下滑

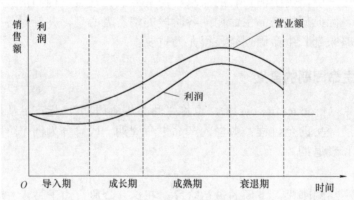

图 7-1　产品生命周期曲线

注：该曲线适用于一般产品的生命周期的描述

二、产品生命周期各阶段的消费者行为特点及营销策略

产品生命周期各阶段的划分以销售量和利润作为一定的衡量依据。在每个阶段，消费者均有其明显的行为特点，企业也有与之相对应的营销策略重点，目的是通过合适的战略来实现产品在各时期的最大价值，同时尽可能地延长兴盛阶段。

（一）导入期的消费者行为特点及营销策略

1．导入期的消费者行为特点

企业在此阶段所面对的消费者主要是革新者和早期采用者，他们是愿意冒险的消费者，在产品推向市场后会很快购买该产品。他们具有冒险精神，年轻，社会地位高，都市化程度高，学历高，希望拥有新产品，为他们带来声望和尊重。而大多数消费者对导入期产品不熟悉，因此处于继续了解和收集信息的阶段，在没有充分了解之前，他们不会轻易地改变消费习惯。

2．导入期的营销策略

导入期的营销目标是创造产品知名度和提高产品试用率，吸引主要的消费对象革新者和早期采用者。如果以价格和促销作为两个标准，企业有四种战略可供选择：快速撇脂战略、缓慢撇脂战略、快速渗透战略及缓慢渗透战略。这里的"快速"与"缓慢"分别指高促销水平和低促销水平，"撇脂"与"渗透"是定价战略中对高价和低价的区分。各种战略有其不同的适用性，企业可根据产品本身特点和企业知名度做出选择。

（二）成长期的消费者行为特点及营销策略

1. 成长期的消费者行为特点

进入产品成长期，企业更多地面对早期大众，早期大众的特点是采取行动前深思熟虑，他们要花更多的时间和精力去决定是否尝试新产品，并且向革新者和早期采用者征求意见，虽不能领先尝试新事物，却是积极的响应者。

2. 成长期的营销重点

成长期是市场对产品快速接受和利润快速提高的时期，产品销售量剧增，利润增长，竞争对手开始增多。营销目标转为追求市场份额最大化。为了提高市场占有率及维持市场增长势头，企业应适当调整营销战略。具体可以采取以下四个方面的营销手段：①改进产品质量，扩大服务保证等外延产品，增加产品特色和式样，寻找和进入新的细分市场；②以渗透市场定价法为主，降低价格，以吸引下一层对价格敏感的购买者；③采用密集分销方法，扩大分销覆盖面并开拓新的分销渠道；④在促销上进行高信任度的宣传，使早期大众从对产品的了解转向对产品的偏好和购买。

（三）成熟期的消费者行为特点及营销策略

1. 成熟期的消费者行为特点

进入成熟期，产品的优越性已经非常突出，并且得到消费者的认可，购买者中增加了大量的晚期大众。晚期大众的特点是对新事物通常持有怀疑态度，相对于早期大众而言，都市化程度较低，对变化的反应较慢。在成熟期的后半期，如何争取晚期大众，对于企业保持利润率至关重要。

2. 成熟期的营销策略

成熟期的目标是保护市场份额和争取最大利润，因此，企业使用创新的营销策略来保持消费者的忠诚度和满意度是企业在这个阶段的主要任务。首先进行市场创新，如通过发现产品新用途或投入新的细分市场，增加现有消费者使用量；其次是产品创新，优化产品特征，如通过质量、特色、式样来吸引新的消费者；最后是营销组合创新，即通过产品、价格、渠道、促销四个市场营销组合因素来改进销售，如采用多品牌多型号，制定能与竞争对手抗衡的定价战略，建立更广泛、更密集的分销网络，加强宣传，强调品牌差异和利益等。

（四）衰退期的消费者行为特点及营销策略

1. 衰退期的消费者行为特点

在衰退期，大多数消费者的新鲜感逐渐消失，在这一阶段转而注意新的替代品。这时只有少数落伍者成为产品的消费者。他们的特点是比较保守，心理年龄较大，收入和社会地位较低，易受传统束缚，对新变化不放心，只有当一项革新慢慢变成传统之后才会接受。落伍者对产品的购买属于一种零星并且短期的购买，是产品先前投资的残留回收，企业可以顺其自然，适当采取少量优惠手段回馈这类消费群体，使衰退产品走出低谷。

2. 衰退期的营销策略

在这个阶段，企业的营销目标为榨取剩余品牌价值。企业有维持、收获和放弃这三种战略选择。维持战略是采取积极的应对措施，可通过对品牌重新定位或寻找产品新功能，回到产品生命周期的导入期或成长期；收获战略则是通过减少各种成本，仍继续销售，从而获取短期利润；放弃战略指从产品系列中逐步撤出，放弃经营。

案例分析　新 iPhone 来临，缩短了 iPhone X 的生命周期？

不知从什么时候开始，苹果秋季新品发布会变成了科技圈的春晚，无论是谁，都会有意无意地关注这场盛会。2018 年苹果召开苹果秋季新品发布会，新 iPhone 系列对于 2017 年发布的 iPhone X 来说，是否缩短了 iPhone X 的生命周期？

2017 年是 iPhone 面世十周年，对此苹果也打破了自家的命名规则，直接跳过了 iPhone 7s 和 iPhone 7s Plus，发布了 iPhone 8 和 iPhone 8 Plus，让它们成为 iPhone 7 和 iPhone 7 Plus 的继任者。而为了纪念 iPhone 诞生十周年，苹果推出了十周年纪念版手机"iPhone X"。不同于以往的 iPhone，iPhone X 是苹果公司在 Apple Park 新总部的史蒂夫·乔布斯剧院会上发布的新机型。其中"X"是罗马数字"10"的意思，代表着苹果向 iPhone 问世十周年致敬。从这一方面来说，iPhone X 其实是独一无二的，因为它本身就不属于苹果常规 iPhone 系列的手机，而是作为 iPhone 十周年的献礼出现在大家面前。

2018 年苹果推出三款 iPhone，分别是 5.8 英寸的 iPhone Xs、6.5 英寸的 iPhone Xs Max 和 6.1 英寸的 LCD iPhone。这三款新机都采用与 iPhone X 相同的设计语言，前后玻璃加金属中框三明治设计风格，前面板采用刘海屏风格的全面屏设计，并且都具有 3D 面部识别功能。其中 iPhone Xs 被视为 iPhone X 的继承者，因为它具有与 iPhone X 相同的尺寸与外形。那么 iPhone Xs 到来后，真的有人不再买 iPhone X 了吗？

资料来源：凤凰数码网，有删改。

【案例分析题】
1. 分析新 iPhone 来临是否缩短了 iPhone X 的生命周期。
2. iPhone 该如何延续自己的生命周期？

本章小结

随着社会的不断发展，消费者对商品的命名、包装设计、品牌和商标等的重视程度越来越高。本章对商品的各种属性及对消费者的心理影响逐一、系统地进行了分析与说明。只有把商品的命名、包装设计、品牌和商标等看作企业营销决策与战略策划的重要组成部分，牢牢把握消费者心理及其变化，在商品的每个周期阶段采取不同的营销战略，企业才能在激烈的市场竞争中立于不败之地。

练习题

一、单项选择题

1. 等级式包装主要是针对消费者的不同（　　）设计的。
   A．消费习惯　　　　B．消费水平　　　　C．消费者性别　　　　D．消费者年龄

2. "云南白药牙膏"是以（　　）命名的。
   A. 商品的主要效用　　　　　　　　B. 商品的主要成分
   C. 商品的产地　　　　　　　　　　D. 商品的制作方法
3. （　　）是法律术语。
   A. 品牌　　　　B. 商标　　　　C. 包装　　　　D. 商品名称
4. 消费者通过品牌可以知道产品是哪一家企业生产的、是哪个国家生产的，这反映了品牌的（　　）功能。
   A. 识别功能　　　　　　　　　　　B. 导购功能
   C. 安全功能　　　　　　　　　　　D. 增值功能
5. 购买者中有大量的晚期大众，对新事物持有怀疑态度，对变化的反应更慢，这是产品生命周期的（　　）的消费者行为特点。
   A. 导入期　　　B. 成长期　　　C. 成熟期　　　D. 衰退期
6. 利润到达最高点后走下坡路是生命周期（　　）的特点。
   A. 导入期　　　B. 成长期　　　C. 成熟期　　　D. 衰退期
7. （　　）反映出消费者强烈地偏好某个品牌，是品牌忠诚的最高阶段。
   A. 品牌执着　　　　　　　　　　　B. 品牌认知
   C. 品牌偏爱　　　　　　　　　　　D. 品牌迷信
8. 提到优质"海尔"就会联想到海尔家电的高质量和海尔完善的售后服务，从而降低了买到不好或不满意产品的风险，增强了消费者的安全感，这是品牌的（　　）。
   A. 识别功能　　　　　　　　　　　B. 导购功能
   C. 安全功能　　　　　　　　　　　D. 增值功能
9. 一个好的名称最好能够直接暗示自己的品类和服务。比如，易到用车，意味着很容易叫到车。这是（　　）命名技巧。
   A. 易懂　　　　　　　　　　　　　B. 定位准确
   C. 悦耳动听　　　　　　　　　　　D. 信息辨别
10. 销量在产品生命周期（　　）达到最大。
    A. 导入期　　　B. 成长期　　　C. 成熟期　　　D. 衰退期

二、多项选择题
1. 商品命名的心理功能有（　　）。
   A. 认知商品　　　　　　　　　　　B. 便于记忆
   C. 启发联想　　　　　　　　　　　D. 诱发情感
   E. 自我表现
2. 提高品牌忠诚度的策略有（　　）。
   A. 切实满足消费者需求　　　　　　B. 产品不断创新
   C. 倾听消费者　　　　　　　　　　D. 提供物超所值的附加产品和服务
   E. 降低价格
3. "撇脂"和"渗透"分别指（　　）。
   A. 高定价　　　　　　　　　　　　B. 低定价
   C. 高促销水平　　　　　　　　　　D. 低促销水平

4. 衰退期的营销战略有（　　　）。
   A. 创新　　　　　B. 维持　　　　　C. 收获　　　　　D. 放弃
   E. 寻找新市场
5. 商标的心理功能有（　　　）。
   A. 识别功能　　　B. 保护功能　　　C. 传播功能　　　D. 强化功能
   E. 艺术功能

三、判断题
1. 包装的颜色在考虑包装设计时可以不予考虑。（　　）
2. 在成熟期，营销战略是创新。（　　）
3. 吸引注意是包装最基本的功能。（　　）
4. 商标一经注册，便受法律保护。（　　）
5. 商品命名越复杂越好。（　　）
6. "动物饼干"是以商品的外形命名的。（　　）
7. 品牌具有信息暗示的心理效用。（　　）
8. 品牌能给商品添加附加值。（　　）
9. 产品不断创新是降低品牌忠诚度的策略。（　　）
10. 消费者心理在产品的决策中扮演着重要的角色。（　　）

实训项目

手机营销与购买心理调研

一、实训目的

通过实训学习产品名称、商标、包装、品牌是如何影响消费者购买行为的。

二、实训内容

1. 试对某一手机卖场进行一次社会调查，选择苹果、OPPO、小米、华为等 5~8 种国内外手机品牌，收集有关的广告宣传材料，就各品牌手机的名称、外形、基本功能、商标等进行比较。
2. 分析这些手机的品牌、包装运用了哪些营销心理的方法，起到了什么作用。
3. 对所在班的同学进行手机品牌占有率的调查，了解同学们当初选择该款手机的原因、使用体验如何；了解大家再次购买手机的购买意向。
4. 在班内组织一次交流与研讨。

三、实训要求

1. 按教学班级进行分组，每组 5~8 人，按组进行调查。
2. 由每组组长负责完成调查分析报告的撰写。

第八章

价格策略与消费心理

学习目标

能力目标
- 能明确价格策略在营销中的重要作用。
- 能针对消费者的心理,掌握定价和调价的技巧。

知识目标
- 能理解价格的含义及价格的心理功能。
- 能掌握消费者的价格心理表现。
- 能掌握商品定价和调价的心理策略。

引导案例

美国的"99"商店

　　心理定价法今天已经成为营销中广为应用的策略,国外很多商店在经营活动中也很善于运用心理战术。美国纽约有一家颇有名气的商店取名"99",它已经成为当地老幼皆知的牌号。"99"是一家专营日用杂货、家用五金、文教用品等的商店。这里出售的商品琳琅满目,品种齐全。更具独特之处是:其定价从不用整数,均用"99"。例如20根缝衣针装成一包,售价99美分;10只铅笔装成一盒,售价99美分;一个煎鸡蛋锅,售价99美分;一袋糖果,售价99美分等。"99"商店自开业以来,生意长盛不衰。究其原因,奥妙在哪里?

资料来源:作者根据相关资料整理。

【引入问题】
1. 居民们为什么愿意选择"99"商店?
2. 从价格策略与消费心理的角度分析,"99"商店的成功源于什么?

第一节　商品价格的心理功能

　　商品价格,对于大多数人来说是一个相当敏感的因素,企业的定价或调价都会直接刺激消费者,激励或抑制其购买行为,反之消费者的价格心理也会影响企业的价格决策。商家只有更好地了解消费者的价格心理,才能科学地制定商品价格。

商品价格是商品价值的货币表现,是商品与货币交换比例的系数表现。在市场经济条件下,商品的价格围绕价值上下波动,并不总与价值一致。商品的价格除了受到价值的影响,还受到市场竞争和供求关系的共同影响,所以价格由价值决定,是市场竞争和供求关系等因素共同作用的结果。

一、影响商品价格的主要因素

(一)价值对价格的影响

商品的价值是对价格最直接的影响因素。商品的价值是凝结在商品中的社会必要劳动时间,是价格的内在决定因素。商品的价值,由社会必要劳动时间决定,用货币外在表现为某种商品的价格。由于生产某商品的社会必要劳动时间是不断变化的,因此商品的价值和价格也在不断变化。在实际的商品交换过程中,商品的价格由价值决定,但却并不总与价值一致,而是围绕价值上下波动。企业在制定营销价格时,应以价值为基础,体现等价交换的原则,使定价符合价值规律的要求。

(二)供求关系对价格的影响

除了价值可以影响价格之外,商品的价格还受到供求关系的影响。当市场上的商品供过于求时,价格会相应降低。反之,当商品供不应求时,价格就会相应提高;并且价格会反作用于市场需求,从而影响市场上商品的销售量。因此企业在制定价格时,必须了解市场上的供求关系,了解价格变动对市场需求的影响。

(三)市场竞争对价格的影响

市场竞争是影响企业制定价格的重要因素。根据市场竞争状况不同,企业应采取不同的定价策略。在完全竞争的条件下,买方和卖方都大量存在,产品完全同质,不管是买方还是卖方,都不能影响市场竞争,只能在既定价格下从事生产和交易。完全垄断是完全竞争的反面。完全垄断市场,是由独家企业控制商品供应,形成独占市场的局面。在完全垄断的情况下,交易的价格由垄断的单方面决定。在现实条件下,完全垄断和完全竞争都是极少见的,更多情况下是不完全竞争市场。在不完全竞争市场,价格的制定还取决于竞争的强度,竞争越激烈,企业的价格制定越会受到影响。所以在不完全竞争市场,企业要了解竞争对手的价格策略和实力,还要全面分析本企业在竞争中所占的地位。

(四)成本对价格的影响

产品成本对价格的影响在于,成本是企业定价的最低界限。商品的价格只有高于成本,企业才能够获得利润,继续经营。企业在定价时,如果价格过分低于成本,则不能长久维持;如果价格过分高于成本,则会有失公平策略。所以,企业的成本越低,价格浮动的空间就越大;如果企业的成本过高,价格浮动的幅度就越小。企业在进行定价时,应该结合成本销量等因素综合考虑。

> **实例 8-1　房地产企业的价格心理策略**
>
> 房地产企业一般都会通过巧妙的价格策略，得出价格销售的妙招。比如说房地产企业会通过实际调查，先获取公众对楼盘的心理价位，在获取心理价位后，开发商并不急于公布楼盘的实际销售价，而是通过科学的小区规划、一流的设计、完善的管理配套措施等信息来刺激和影响消费者，以一种主动的姿态提升楼盘价值，从而不断提升消费者心理价位。当楼盘进入市场后，其实际售价虽然略高于消费者的心理价格，消费者也乐于接受。
>
> 资料来源：作者根据相关资料整理。
>
> 随着房地产市场的进一步规范，价格策略显得尤为重要。消费者对房地产价格的心理定价是开发商们必须突破的障碍，开发商要缩小消费者心理价位与楼盘现实价位的差距，巧妙利用价格策略。

二、商品价格心理功能的体现

价格作为人们购买商品时最重要的影响因素，必然会对消费者的消费心理和消费行为产生重要的影响，这就是价格的心理功能。由于消费者对价格的认识程度、知觉程度和感受程度都不相同，因此会产生不同的价格心理。商品的价格心理功能，主要表现在以下几个方面。

（一）衡量商品价值功能

消费者每天面对琳琅满目的商品，他们对大多数商品的制造工艺、质量、价值等没有深入的了解。在这种情况下，消费者会简单地把价格看成是衡量商品质量好坏的标准。消费者总是认为价格高的商品品质好，价值高；廉价商品的质量不好，价值低。这就是所谓的"好货不便宜，便宜无好货""一分钱一分货"。由于受价格心理的影响，很多时候，消费者愿意购买包装较好、价格较高的商品，而对于一些廉价品和处理品，打折幅度越大，消费者越觉得质量不好，越不敢购买，这就是价格心理功能的体现。

（二）消费者自我意识的比拟功能

消费者自我意识的比拟功能指商品价格不仅表现为商品的价值，还在一定程度上反映了社会心理价值。商品价格很多时候被认为是消费者社会地位的象征，是文化修养、生活情趣的标志。消费者在购买商品的过程中可能有意或无意地通过联想等心理活动，把个人的社会地位、偏好、兴趣等心理特征与商品价格联系起来，通过价格的比拟功能来满足其社会地位和自尊心的需要。比如，一些消费者平时省吃俭用，但要买名牌包以显示自己的社会地位。又如，有些消费者，即使贷款，也要买名牌手机来显示自己的身份和兴趣。消费者自我意识的比拟功能主要包括社会经济地位比拟、文化修养比拟、生活情趣比拟。自我意识比拟的心理功能是从满足社会需求与自我实现出发的，更多地注重商品价格的社会象征意义。

（三）调节需求的功能

商品的价格受供求关系的影响，因此具有调节需求的功能。当价格上升时，需求会相应减少；反之，如果价格下降，需求则会增加。这种价格调节需求的功能还受到商品价格弹性的制约。价格弹性较小的商品，价格调节需求的功能较弱；价格弹性较大的商品，价格调节需求的功能较大。一般来说，心理需求越强烈，对价格的变动越敏感。有时候消费者出于对价格的期待心理或紧张心理，价格的变动可能会使其需求向相反的方向转移，如当某商品价格上涨时，人们出于购买时的紧张心理，认为价格还可能上涨，反而刺激其购买的心理欲望；反之当某商品价格下降时，消费者出于期待商品价格继续下降的心理，反而会持观望心态，暂时不购买该商品。

> **实例8-2 降价不一定畅销，涨价不见得难卖**
>
> 因为朋友经常光顾他家附近的一家小饭馆，时间长了，他发现这家店主在经营上的一些规律：菜单更换的频率一般在一个月左右，店主会根据时令，适当推出一些特价或小盘菜（主要是家常菜）。但受消费者欢迎的菜，店主往往会涨上一两元。
>
> 周围的餐馆关了好几个，其中也不乏重新开张后又倒闭的，但这家餐馆却一直生意兴隆，门庭若市。这位朋友一直觉得奇怪，更换菜单、推出特价菜和小盘菜，可以说餐馆老板很会迎合消费者需求，但提高菜价往往会使消费者忠诚度降低，甚至客户流失——店主既然懂得如何满足客户需求，为什么还要涨价，抑制客户需求呢？
>
> 资料来源：张易轩，消费者行为心理学，2014。
>
> 其实，这个实例就是一种消费者心理价格在起作用。店主虽然会不时调高菜价，但每次调高的菜价都在消费者能够承受的心理范围内。而且每道菜的菜价涨到一定程度也就固定下来了。这在一定程度上帮助餐馆老板实现了利润最大化，而且并没有降低消费者忠诚度。

第二节 消费者价格心理

消费者的价格心理指消费者在购买商品时，对价格进行评价的各种心理现象，它受消费者自身的心理特点和对价格的知觉判断的共同影响。因此企业在进行商品销售时，要充分发挥价格的心理功能，也必须研究消费者在认识商品价格时的心理表现。

一、消费者的价格心理特征

（一）习惯性心理

价格的习惯性心理指消费者在反复购买的过程中，由于对价格的多次感知而形成的对商品价格的习惯性认识。很多商品的价格由于多年的积累，已形成一种稳定性，消费者对稳定的价格也形成了一种习惯性的购买方式，这就是买卖双方都能接受的习惯价格。习惯价格一旦形成，消费者就会用它来比较、选择和购买商品。习惯价格不仅给买卖双方带来方便，同时也在消费价格心理上起着稳定性和合理性的作用。如果消费者在市场上遇到了多种价格的情况，会信任和认同习惯性价格，而怀疑和拒绝其他产品价格。同时，消费者对市场上违背习惯性价格的产品在心理上就难以接受。因此企业在调整价格时，一定要考虑消费者的习惯价格心理，要谨慎对待提价。

（二）敏感性心理

敏感性心理是消费者对商品价格变动的反应程度。由于价格是影响消费者购买商品的重要因素，因此，消费者在购买商品时，首先考虑的就是价格问题。消费者对商品价格有不同的敏感度。一般来说，生活必需品和购买频率高的商品，消费者对其价格的敏感度越高，对于奢侈品和非日常用品，消费者对其价格的敏感度就较低。比如打折的纸巾，可能使消费者加倍购买，而降价的名牌包却不能引起消费者的购买兴趣。通常情况下，在商品涨价和降价的初期，消费者反应比较强烈，会加倍购买或产生抗拒心理，但时间长了，消费者的心理承受能力会逐渐增强，对价格的上涨或下降变得不敏感。

（三）倾向性心理

倾向性心理指消费者在购买过程中对商品价格的拒绝或接受的态度。由于消费者的经济地位、生活方式、购买习惯不同，对商品的价格也具有明显的倾向性。具体表现为消费者对商品的档次、质量、品牌要求不同，会事先在心里拟定一个可以接受的价格标准，用这个标准来衡量商品的实际价格，从而决定是否购买，这就是消费者的倾向性心理表现。

（四）感受性心理

感受性心理指消费者对商品价格的感知程度。同样价格的商品，有的消费者觉得价格偏高，有的消费者觉得价格适中，这就是消费者对价格的不同感受性。受商品本身的外观、质量、包装等的影响，消费者对商品价格的感知也不一样。即使是相同的商品，由于包装不同，消费者对价格的感受性也不相同。所以商家在出售商品时，应注意出售的环境氛围、展示方法、服务方式等，这些因素都会作用于消费者心理，使消费者对商品价格产生不同的感知。

消费者价格心理是消费者长期消费所形成的，是比较稳定或习惯性的心理倾向，消费者会对不同的商品价格做出不同的心理反应。因此，企业在制定商品价格时，必须认真研究消费者价格心理，使制定的商品价格符合盈利的需要，也适合消费者价格心理的要求。

二、消费者的价格判断

消费者的价格心理会影响消费者的价格判断，消费者对价格的判断主要来源于生活经验及对商品的比较。

（一）价格判断的途径

1. 同类比较

同类比较是一种最普遍的比较方法，消费者通过比较同种类的商品，选择自己想要的商品。比如说消费者想要购买巧克力，通过对比不同种类、不同品牌、不同价位的巧克力，选择理想价位的商品。

2．同价比较

同价比较指消费者在相同价位商品中选择质量最优或性价比最高的商品。消费者在购买商品时，心里通常都有一个理想价位，并用自己的心理价位和商品的售价做比较。在相同价位的商品中，消费者自然会选择性能最优、质量最好的商品。

3．外观比较

外观比较指消费者在不了解商品质量或性能的前提下，会通过商品的包装、产地、外观来比较不同种类的商品，从而选择自己喜欢的商品。

4．服务比较

服务比较指消费者在购买商品时，不光比较商品本身，还会通过提供的服务来形成对商品的一种认知。如今服务竞争也很激烈，厂家应通过提供良好的售中及售后服务来促进消费者购买。

（二）价格判断的影响因素

1．消费者的经济收入

消费者的经济收入是影响消费者价格判断的最主要因素。同样的商品价格，对于不同经济收入的消费者来说，其感知完全不同。经济收入较高的消费者，更能接受中高档价位的商品。而经济收入较低的消费者，更多地选择廉价的、性价比较高的商品。

2．消费者的价格心理

消费者的价格心理同样影响着消费者的价格判断。影响价格判断的主要价格心理有习惯性心理、敏感性心理、倾向性心理、感受性心理。这些价格心理不同程度地影响着消费者的价格判断。

3．商品的特点

商品的特点不同，消费者对商品价格的判断也不一样。不同的商品，其功能、类别、用途、价格也不同，如日常生活用品的价格较为稳定，季节性商品的价格会随季节性而波动，有纪念价值的商品，即使价格稍高消费者也乐于接受，这些都会影响消费者的价格判断。

4．消费的紧迫性

消费者对商品消费的紧迫程度，也是影响消费者价格判断的因素。如果消费者急需某种商品而一时又找不到替代品，即使商品的价格稍高，消费者也会欣然接受。

第三节　商品定价、调价的心理功能

> **实例8-3　"一角钱"促销**
>
> 在一个菜场，有几家卖豆制品的摊点，可总是只有A店主的生意火爆，大家宁可排队也不到旁边的店里买同样的东西。是A店的价格比旁边店铺价格低许多吗？不是，他卖的价格和别人一样。是A店所卖产品的质量比别人好很多吗？也不是，质量差不多，很多东西估计是和别的摊主在同一个地方进的货。是A店有买赠促销的活动吗？更不

是,小本生意不可能有那么大的利润。原来只有一个非常简单的原因:这个店主无论消费者买什么东西,都会主动地少收一角钱。比如消费者问好豆腐是1元一斤,挑了块豆腐,他把豆腐放在电子秤上一称,显示1.7元,他就会说:"就收1.6元吧。"就这小小的一角钱,让他获得了消费者的信赖,使他的生意越来越红火。

资料来源:李晓燕,刘剑,消费心理学(第2版),2010。

豆腐属于生活必需品,价格不高,需经常购买,消费者对价格的敏感度相对较高。在品质基本相同的情况下,虽然只让利一角钱,却让消费者感到真实可信。在价格变动的时候,应将价格控制在合理的范围内。如果摊主卖一块豆腐便宜五毛钱,不光自己不赚钱,消费者还会怀疑这个豆腐有问题,要不怎么可能卖得这么便宜?

价格是企业竞争的主要手段之一,企业除了根据不同的定价目标选择不同的定价方法外,还要根据复杂的市场情况和消费者价格心理,采用灵活多变的方式,确定产品价格。

一、商品定价策略

(一)撇脂定价策略

撇脂定价策略又称取脂定价策略,指在新产品上市之初将价格定得较高,采取高价出售,以期在短期内获得丰厚利润,尽快收回投资。就像从牛奶中撇去油脂,取其精华,所以称为撇脂定价策略。这种定价策略采取先高后低的价格策略,在新产品进入市场初期,还没有竞争对手和替代品出现,利用消费者求新、求奇的心理,抓住竞争的有利时机,有目的地将价格定高,以期获得高额的利润,尽快收回新产品投资。随着时间的推移,竞争对手逐渐进入市场,可以逐步降低价格。

这种定价策略通常适用于能更好地满足消费者需求的新产品或者需求弹性较小的商品,针对的是消费者求新、求奇的心理。

这种定价法的优点是:①新品上市之初,消费者对其缺乏理性认识,利用较高的价格可以提高身价,有助于开拓市场。②价格高,利润大,短期内即可收回投资,等竞争者加入时,企业已经获得丰厚利润。③主动性大。由于价格定得过高,在竞争中处于主动地位,可以随时调价。产品进入成熟期后,如果销路不理想,可通过降低价格扩大销路。这种定价策略的缺点是:①高价投入市场带来的风险较大,可能出现产品形象尚未树立,销售增长缓慢的情况。②高价和高额利润会很快招来竞争者,迫使价格下降。

(二)渗透定价策略

渗透定价策略又称薄利多销策略,指新品上市之初价格尽量定得低一些,其目的是尽快提高销售量和市场占有率。渗透定价策略与撇脂定价策略截然相反,在新产品进入市场初期,以较低的价格出售,利用消费者求实、求廉的心理尽快占有市场;由于价格较低,竞争对手感到得益不大,不想模仿。随着销路的打开,产量不断提高,成本随着生产的发展而下降。

这种定价策略主要适用于没有显著特色、弹性需求较大的产品。

这种定价策略的优点是:①产品容易被市场接受,可以迅速打开销路,增加产量。②由于低价薄利,对竞争者吸引力不大,可以减少竞争,企业容易获得并保持较高的市场占有率。③可以使企业长期稳定经营,获得盈利。这种定价策略的缺点是:①新产品的投资需要长时期才能收回。②如果出现竞争者，企业将处于比较被动的境地。

（三）习惯定价策略

习惯定价策略是根据消费者对价格的习惯心理确定价格的方法。这种方法适用于被消费者广泛接受的、必须经常重复购买的、消费量较大的商品，如日用品、生活必需品等。这些商品价值不高，商品的价格也就被消费者习惯性接受。

习惯定价策略的优点是，使消费者感觉价格合理，容易接受，有利于维持消费的稳定。习惯定价策略的缺点是，消费者一般对这类商品的价格变动敏感性特别高，因此对这类商品的价格调整应该十分谨慎，一旦提价，就会破坏消费者长期形成的消费习惯，使消费者转而购买其他商品。

（四）尾数定价策略

尾数定价策略也称非整数定价、零头定价，就是给商品制定一个带有零头的价格，使价格的最后一位是一个接近整数的尾数。尾数定价策略是一种典型的心理定价策略，这种定价的心理依据是利用消费者对商品价格直觉的感知差异而刺激购买。

这种定价策略的优点是利用数字的巧妙安排给消费者造成价格偏低的感觉，如对99.9元会感觉比100元便宜。这种定价策略的缺点是不能把价格定得过于烦琐，否则效果可能适得其反。

> **实例8-4** 尾数定价策略
>
> 在美国，消费者普遍存在着"单数比双数少，奇数显得比偶数便宜"的心理定式，因此，美国零售商给商品定价时，价格的最后一位总是奇数，而且5美元以下的价格，末位数为9最受欢迎，5美元以上的价格，末位数为95的定价的商品销售情况最佳。而在日本和中国，消费者对末尾数为8的价格比较易于接受，因为在日本8代表的是吉祥如意，在中国8代表的是"发"，实践也证明了这一点。
>
> 资料来源：刘军，邵晓明，消费心理学（第2版），2016。
>
> 尾数定价策略，在商品定价中是一种比较常用的策略，但在不同的国家和地区，由于消费者的风俗习惯和价值观的差异，在具体运用时也存在一些差别。

（五）整数定价策略

整数定价策略指利用消费者求方便的心理，在制定价格时有意取一个整数，以利于销售活动。这种价格策略又被称为方便定价策略。整数定价策略与尾数定价策略正好相反，是针对某种价格特别高和特别低的商品，利用消费者求方便的心理进行定价。对于高价位的商品，可以方便消费者记忆，满足消费者社会地位需求；对于低价位的商品，则可在销售中减少找零，给消费者造成价格便宜的感觉。

（六）招徕定价策略

招徕定价策略指企业利用消费者求廉、求实的心理，将产品中某一种或几种商品的价格定得较低,以吸引消费者购买。这种定价策略的目的是用低廉的价格吸引消费者购买商品或重复采购廉价商品。在采购的同时,消费者顺便采购了其他正常价格的商品,如超市经常推出的降价商品和餐厅每天推出的特价菜品。

(七)声望定价策略

声望定价策略指对某些高档商品制定不符合市场价格的高价位,从而满足少数消费者显示其社会地位的心理需求。这种定价策略,一般由有较高声誉的企业和较高声誉的名牌产品所采用。目的是满足一部分消费者显示其社会地位和经济地位的象征的需要,满足一种炫耀性的心理需要。采取声望定价策略的办法是控制消费者的拥有量,限制名牌产品的供应量和保持高价,另外,尽可能提高商品价值。

(八)折扣定价策略

折扣定价策略是通过降低一部分价格来争取消费者购买的定价策略。这种策略是商家在原价格的基础上,给消费者一个折扣价,让消费者买到便宜商品的心理得到充分满足,能有效地鼓励消费者购买商品,甚至连续购买。折扣定价的方式有很多种,可以采用购买金额和数量累计折扣;可以采用重复购买折扣;可以采用季节性折扣;还可以采用新品促销折扣。

(九)差别定价策略

差别定价策略又称价格歧视,指企业按照两种以上的差异价格销售同种商品或服务。差别定价策略有三种形式:①企业按照不同的价格把同一产品或服务卖给不同的消费者。②企业对于处在不同位置的产品和服务,分别制定不同的价格。③企业对于不同季节、不同时期的产品和服务,分别制定不同的价格。

二、价格调整的心理策略

价格作为市场经济条件下影响消费者购买的最直接的因素,也是消费者最为关心的因素。在企业的销售过程中,价格调整是经常发生的。企业调整价格的原因主要有:市场供求状态发生变化,企业自身条件发生变化,竞争对手调整价格,消费趋向变化等。一般情况下,企业应尽可能保持价格稳定。如果企业必须调整价格,应根据企业内外部的形势,以消费者为中心,充分研究消费者对于价格调整的心理反应,根据消费者可能的心理反应,制定价格调整策略。

(一)消费者对价格调整的心理反应

商品价格是影响消费者购买的最重要、最直接的因素,所以无论是降价还是提价,都会对消费者的心理产生影响,进而影响产品销售。一般情况下,销售量和价格变动符合经济学中的"价格和需求量呈反方向变动"的关系。商品降价会吸引消费者购买,商品提价,消费者会减少购买。但是在很多情况下,由于消费者对商品的价格理解程度不同,不同消费者的价格心理特征不同,所以消费者对价格调整会呈现出不同的心理反应。

1. 消费者对提价的心理反应

提价会使消费者的实际购买能力降低,可支配货币减少,所以提价对消费者是不利的。一般情况下,提价会减少消费者需求,进而影响销量。但在现实情况下,如果提价成功,反而能刺激消费者加倍购买,促进商品销售。常见的心理反应有:商品已经涨价,价格可能还会继续上涨,将来购买可能会支付更多的货币,所以应尽快购买;商品是畅销品,错过机会就买不到了;商品的价值高,质量好,性能好,物有所值。

2. 消费者对降价的心理反应

降价会使消费者的实际购买能力增强,可支配货币增多,所以降价对消费者有利,一般应激发消费者的购买欲望。然而现实中很多时候商品降价,消费者反而不愿意购买。常见的心理反应有:降价商品质量差,款式落后,有缺陷,是滞销产品;降价商品是淘汰产品,样式老旧;企业出现经营问题,难以继续维持;价格还会进一步下跌,等价格更低时再买;购买降价商品有失身份,会被家人朋友嘲笑。

总之,价格调整会对消费者心理产生错综复杂的影响,因此企业在调整价格时应仔细研究消费者的价格心理反应,使价格调整适应消费者的心理需求。

实例8-5　西门子欲实施涨价策略

西门子家电产品决定全线涨价3%~5%。"如果把损失产品品质作为价格战的代价,家电业的未来将成为泡影。"在中国家电市场上,"价格战"是一个提及率很高的词。很多企业希望通过降低价格的方式来扩大市场占有率,扩大生产规模,从而进一步降低成本,如此循环不已。虽然西门子家电近来也在不断地扩大规模,但价格一直维持平稳,曾经被不少业内人士称奇。

在追求行业平均利润的过程中,企业要不断地推出新产品,运用新科技来满足市场需求,要在研发方面不断地投入,这才是真正的市场行为。以降价来扩大市场占有率,赢得的是一种短期利益。西门子会生产不同的产品来满足消费者不同的需求,但不会因适应部分消费者对低价产品的需求而去生产低价劣质的产品。不是没有能力生产出最低价格的产品,而是因为西门子的竞争策略是倡导消费、引导需求,坚持走技术路线。

资料来源:陈可,李晓楠,朱凤,消费心理学,2016。

以损失基本利润为代价的价格战,已经使家电业的竞争步入了恶性循环,最终失去的将是企业长期树立起的品牌和市场的信任。在中国家电市场有着举足轻重地位的西门子家电此次涨价之举,必然引起众多家电企业的思考,进而引发市场变局。

(二)价格调整的心理策略

根据消费者对价格调整的不同心理反应,可以采取相应的提价和降价策略。

1. 提价策略

(1)提价时机

由于消费者的收入在不断增加,物价总体呈上涨趋势,所以提价是一种正常的经济现象。但是,由于商品价格上涨,消费者购买同一商品需要支出更多的货币,因此提价总体上对消费者不利，会引起消费者本能的抵触情绪和不愉快反应。

提价应选择恰当的时机。提价的时期，一般选在节假日或有特殊意义的日子，消费者心情放松，对提价的抵触情绪相对要小一些。

（2）提价幅度

提价幅度要尽可能地小一些，不应超出消费者的心理承受范围。如需大幅度提价，应该分几次或分阶段进行，避免一次提价幅度过大，引起消费者的反感。提价应注意的是，为了使消费者能更好地接受价格的上涨，企业该做好消费者的宣传解释工作，并提供热情周到的服务，尽量减少消费者的损失，以求得消费者的理解与支持。

2．降价策略

（1）降价时机

选择正确的降价时机可以适应消费者心理需求，刺激消费者的购买欲望。一般情况下，一般商品进入成熟期后期就应该降价，新品进入模仿阶段后期就应降价；季节性商品则在商品换季时就应降价。

（2）降价幅度

除了正确选择降价时机，把握降价幅度也很重要。降价幅度太大，可能导致企业亏损；降价幅度太小，则无法刺激消费者的购买欲望。研究表明，商品的降价幅度应在10%~30%，如果降价超过50%，会使消费者对产品质量产生疑虑。商品降价要达到刺激购买的目的，必须注意与消费者的心理需求相适应。降价应注意：①企业应向消费者充分说明降价的原因。②降价的必须是信誉度较高的企业生产的商品。③降价后，消费者能够对商品保持足够的信任感。④降价的一般是日用品和消费品，而不是会影响消费者自身社会地位的、有象征意义的商品。⑤商品降价不能过于频繁，否则会使消费者对商品价格产生不信任感，也会造成消费者对降价不切实际的预期。

总之，不管是提价还是降价，都会对消费者心理造成影响，导致消费者的不同心理反应，企业在产品上市之初就应该尽可能地保持价格稳定，树立良好的产品形象。

> **案例分析**
>
> ## 沃尔玛的价格策略
>
> 沃尔玛能够迅速发展，除了正确的战略定位外，也得益于其首创的价格策略。每家沃尔玛商场都贴有天天廉价的大标语，同一种商品，在沃尔玛的售价比其他商店要便宜。沃尔玛提倡的是低成本、低费用结构、低价格的经营思想，主张把更多的利益让给消费者，为消费者节省每一分钱是他们的目标。沃尔玛的利润通常在30%左右，而其他零售商如凯玛特的利润都在45%左右。沃尔玛公司每星期六早上举行经理人员会议，如果有分店报告某商品在其他商店比沃尔玛低，可立即决定降价。低廉的价格、可靠的质量是沃尔玛的一大竞争优势，吸引了一批又一批的消费者。
>
> 资料来源：王健，消费心理学，2015。
>
> 【案例分析题】
> 1．请分析沃尔玛运用的是哪种价格心理策略。
> 2．这种价格策略的优点是什么？

本章小结

本章主要介绍了商品价格心理功能的主要内容、消费者价格心理,以及针对消费者价格心理应采取的商品定价的心理策略和价格调整的心理策略。

练习题

一、单项选择题

1. (　　)指在新产品上市之初将价格定得较高,采取高价出售,以期在短期内获得丰厚利润,尽快收回投资。
   A. 渗透定价策略　　　　　　　　B. 撇脂定价策略
   C. 折扣定价策略　　　　　　　　D. 声望定价策略
2. (　　)指企业按照两种以上的差异价格销售商品或服务。
   A. 差别定价策略　　　　　　　　B. 招徕定价策略
   C. 整数定价策略　　　　　　　　D. 尾数定价策略
3. 商品的(　　)是凝结在商品中的社会必要劳动时间。
   A. 价格　　　　B. 成本　　　　C. 价值　　　　D. 服务

二、多项选择题

1. 消费者自我比拟功能有(　　)。
   A. 经济地位比拟　　　　　　　　B. 社会地位比拟
   C. 文化修养比拟　　　　　　　　D. 生活情趣比拟
2. 消费者价格心理包括(　　)。
   A. 习惯性心理　　　　　　　　　B. 敏感性心理
   C. 倾向性心理　　　　　　　　　D. 感受性心理

三、判断题

1. 由于消费者收入在不断增加,物价总体呈上涨趋势,所以提价是一种正常的经济现象。(　　)
2. 研究表明,商品的降价幅度应在10%～30%,如果降价超过50%,就会使消费者对产品质量产生疑虑。(　　)
3. 感受性心理指消费者在购买过程中对商品价格的拒绝或接受的态度。(　　)
4. 商品价值是商品价格的货币表现,是商品与货币交换比例的系数表现。(　　)
5. 商品的价格受供求关系的影响,又具有调节需求的功能。(　　)

实训项目

商品价格调查

一、实训目的

调查商品价格对消费心理的影响。

二、实训内容
1. 调查学校超市的商品价格。
2. 分析这些价格对消费心理的影响。

三、实训要求
1. 按教学班级进行分组,每组 5~8 人,按组进行调查。
2. 小组成员针对自身情况逐一陈述分析。
3. 由每组组长负责完成分析报告的撰写。

第九章
促销组合策略与消费心理

学习目标

能力目标
- 能结合消费者的实际情况，在促销的四种类型中，分析消费者的消费心理变化。
- 能明确消费心理在促销中的重要作用。

知识目标
- 能理解促销四个分类的基本概念。
- 能掌握在促销中起重要作用的心理策略。

引导案例

剧场效应：将消费者带入剧情之中

某公司正在经销一种新产品——洁神牌清洗剂，适用于建筑物外立面和大型机器设备的清洗。老板布置任务后，大家纷纷带着样品去拜访消费者。

依照过去的经验，销售员向消费者推销产品时最大的障碍是：消费者对新产品的性能、特色不了解，因而不会轻易相信销售员的解说。但销售员赵中却有自己的一套方法。

他前去拜访一家商务中心大楼的管理负责人，对那位负责人说："您是这座大楼的管理负责人，您一定会对既经济又好用的清洗剂感兴趣吧？就贵单位而言，无论是从美观还是从卫生的角度来看，大楼的明亮整洁都是很重要的企业形象问题，您说对吧？"

那位负责人点了点头。赵中又微笑着说："洁神就是一种很好的清洗剂，可以迅速地清洗地面。"同时拿出样品，说道："您看，现在往地板上喷洒一点清洗剂，然后用拖把一拖，就干干净净了。"

他在地板上的污迹处喷洒了一点清洗剂。清洗剂渗透进污垢中，需要几分钟时间。为了不使消费者觉得时间长，他继续介绍产品的性能以转移消费者的注意力。"洁神清洗剂还可以清洗墙壁、办公桌椅、走廊等处的污迹。与同类产品相比，污垢程度较轻的地方，还可以将它适当稀释，既经济又方便，又不腐蚀、破坏地板、门窗等。您看，"他伸出手蘸了一点清洗剂，"连人的皮肤也不会伤害。"

说完，销售员指着刚才浸泡污渍的地方说："就这一会儿的工夫，您看效果，清洗剂浸透到地面上的坑洼中，使污物浮起，用湿布一擦，就干净了。"再用白手绢在未清洗的地方一擦，说："您看，脏死了。"

赵中巧妙地把产品的优异性能展示给消费者看，消费者为之所打动，于是，生意成交了。

资料来源：文明德，你的第一本销售心理学，2017。

【引入问题】

1. 什么是本案例中的"剧场效应"？
2. 怎么看待"好的演示常常胜过雄辩"这句话？

促销组合是企业促销活动的基本策略，企业通过人员推销、广告宣传、公共关系、营业推广四个子系统构建成一个整体营销系统，向目标市场传递企业及其产品的具体信息，挖掘、引导消费者形成对企业产品和服务的需求，并最终转化为购买行为，从而达到扩大销售、增加企业效益的目标。与此同时，通过把消费者购买及售后使用的信息反馈给卖方，有助于不断完善产品质量和服务，更好地满足消费者需求。

第一节　人员推销与消费心理

一、人员推销的特点

（一）信息交互及时

人员推销时，通过与消费者的接触，与消费者进行双向交互沟通，及时将消费者对产品的反馈信息进行收集并做出反应。为消费者更全面地提供所需资料，激发消费者的购买欲望，进而引导消费者做出购买决策。为企业的经营提供指导依据，及时调整经营策略，使产品更符合消费者的需求。

（二）灵活且有针对性

商品、消费者和推销人员之间的能动性掌握在推销人员手中，除了可以用语言描述商品信息外，还可以通过现场演示增加消费者对商品的全方位了解。也可根据不同消费者的特点，与消费者思维保持同步，适时调整推销策略与方式，促成购买行为。

（三）亲和力强

推销人员和消费者直接接触与沟通，有助于建立友善、真诚的购销关系。通过耐心解答消费者提出的问题，协助其试用产品等推销方式，可以更好地满足消费者需求，维系长期协作关系。

推销人员的职能如图 9-1 所示。

图 9-1　推销人员的职能

二、人员推销的过程

人员推销的基本过程一般包括：寻找和分辨潜

在消费者、售前准备、接触、商品推销、消除心理异议、完成购买、售后服务七个阶段，如图 9-2 所示。

图 9-2　人员推销的基本过程

（一）寻找和分辨潜在消费者

销售人员必须懂得淘汰那些没有价值的线索，筛选潜在的消费者在哪里，他们是些什么类型的消费者。有价值的销售线索一般有三个要求：能通过购买商品获得利益；有支付能力；有决策购买权。

（二）售前准备

收集和了解潜在消费者的爱好、脾气、需求点、经济能力、决策权、购买方式等信息的及时准备，都为选择更合适的接触方法、推销方式及时机，以及制定更合理的推销策略奠定下基础。

（三）接触

利用售前准备所掌握的资料，从消费者的兴趣点出发，通过观察、沟通及与商品的充分接触，会收集到更多消费者的反应和诉求点等，以便引入商品推销的话题。

（四）商品推销

向目标消费者介绍商品信息、演示操作、参与试用等推销方式，都会有助于增强其购买的信心。例如：AIDA 就是讲解和示范商品的有效模式，赢得关注（attention）、引起兴趣（interest）、激发欲望（desire）、付诸行动（action）。

（五）消除心理异议

推销过程中，消费者的抵触、质疑等心理异议是很常见的。应视异议点为推销突破口，明确障碍点，有针对性地解决问题。

（六）完成购买

异议消除后，要想引导消费者完成购买，还需要对订货协议或者具体商品信息进行订立与确认，并以特定的成交条件（如折扣、赠送等）劝诱消费者完成购买。

（七）售后服务

购买完成后，推销人员开始履行各项约定事宜，如配送货时间、地点等。优质的售后服务，不仅可以和消费者建立长期稳固的情感联系，还对消费者忠诚度的培养有所帮助。

实例9-1　星球大战的声控飞碟

一位休闲运动的中年男士，走进一家全球连锁玩具店，在星球大战系列玩具的货架前停下，推销人员马上趋前接待。男士伸手拿起一只星球大战系列手表声控玩具飞碟。

"先生，您好。您的小孩多大了？"推销员笑容可掬地问道。

"六岁。"男士说着，把玩具放回原位，又转向其他玩具。

"六岁！"推销员提高嗓门说，"这样的年龄玩这类玩具正是时候。"说着便把玩具的开关打开，对着手表发号指令。男士的视线又被吸引到声控玩具上。推销员把玩具放在地上，拿着手表声控器，开始熟练地操控着，前进、后退、旋转，同时说道："《星球大战》系列电影最近正在上映，小孩子很喜欢这款飞碟玩具，最近一周销量很好，这类声控玩具可以让孩子对人工智能的一些属性有所熟悉。"

推销员紧接着把声控手表递到了男士手里。于是，这位男士也开始玩了起来，大约1分钟后，关掉电源。随后男士询问："多少钱一套？"

"520元"

"有些贵了，有优惠折扣吗？"

"先生，我们是连锁店铺，全球统一售价。对于会员，我们常年都有各种积分优惠折扣的，请问您在我们家办理过会员注册吗？"

"没有。"

"如果您注册会员，平时购买都可以积分，积分可以参与优惠折扣活动。今天注册新会员，还可以享受满300元减50元的会员入会礼券。"

推销员稍停顿了一下，补充道："您再挑一个玩具凑够600元可以直接减100元，很划算。手机关注公众号就可以迅速办理。"

"是货架上这个二维码吗？"

"对，扫码关注—会员注册—填写资料—提交就可以了，今天就可以参与积分，享受优惠。"

男士的会员信息提交成功后，推销员帮助其找到的手机平台上参与优惠的确认信息，一同拿着玩具到了收银台付款。并在收银台前的展架上选了一张面值100元的礼品卡。

"先生，需要免费包装或者拆装试用吗？"

"不用，我赶时间。"

"好的，两件商品共计520元，您怎么支付？"

"刷卡。"

"好的。"

付款之后，收银人员补充道："我们是全球玩具连锁店，品质绝对保证，7天内凭小票包退换，我放了一张包装纸在袋子里。谢谢惠顾，期待您再次光临。"

男士拿着玩具和礼品卡满意而归。

资料来源：原创文案。

玩具店的销售人员利用巧妙的沟通技巧，与消费者形成了良好的交流，使消费者在整个购买过程中感受到了优质的服务，在愉悦的气氛中完成了购物行为，销售人员也圆满完成了销售任务。

三、人员推销过程中的购买者心理过程

消费者实施购买行为的心理过程可以分为六个阶段：无意关注、第一印象、好奇心与兴趣点、观察与想象、对接诉求、决策与行动。

图 9-3　消费者的购买心理过程

1. 无意关注

由于推销人员的语言、肢体动作及周围环境带来的感官刺激，消费者的无意关注是对外界环境的本能反应，是注意力的最基本形式，是引起他们真正关注的开始。

2. 第一印象

潜在消费者在与推销人员的接触中，会无意识地形成对于商品的最初观念，并且会被简单地分类。受到第一印象的暗示，会对消费者的兴趣走向、购买与否等后续心理发展奠定基础。

3. 好奇心与兴趣点

消费者从无意关注到有意关注的过渡点，有赖于好奇心或者兴趣点的产生。因此，为了激发、引起和保持好奇心与兴趣点，推销人员必须呈现事物、观点或者暗示，来让消费者展开更深入的观察与想象。

4. 观察与想象

这是消费者购买心理过程的"我认为我会调查这件事"和"有什么效果"或者"实现什么"的过程。

5. 对接诉求

使用效果和实现场景被消费者想象定义后，"这是不是我需要的东西""我有多需要"这些问题成为对接自身诉求点后需要回答的。

6. 决策与行动

行动是完成购买的实现过程，推销人员持续的引导、关注、提供帮助，都会使消费者的耽搁、拖延甚至取消购买决策的事件减少，从而推动购买活动真实有效地完成。

实例 9-2　化尴尬为突破口

张丽在某电器卖场工作，主要销售某品牌洗衣机。一天，柜台前来了一位中年妇女，张丽赶紧上前攀谈。没聊几句，对方就很不友好地说："你们的洗衣机没有××品牌的好，我有一个邻居用的就是你们这个品牌，听说坏了，到现在还没有修好呢！"

听客户这么一说，张丽也略显尴尬，但她马上回应："是这样啊，您邻居家的洗衣机出现了问题，我们深感抱歉，这是我们的售后服务电话，可以转交给您的邻居，联系后工作人员会在 24 小时内帮助解决问题。"说着，她递给这位客户一张售后服务卡，"如果您的邻居比较着急，可以把住址告诉我，我可以马上打电话，让服务人员尽快上门维修。"

中年妇女接过服务卡，脸上浮现出轻松的笑容。张丽也很自然地把话题引入到产品介绍上来。这位客户果然是来选购洗衣机的，最后，经过一番讨价还价，张丽顺利拿下这笔订单。

资料来源：李昊轩，成交的秘密，2017。

四、人员推销的心理策略

结合消费者的六个购买心理过程,如何让推销人员更好地在此过程中发挥主观能动性,让消费者能获得最佳的购物体验,以下这三个心理策略尤显重要。

(一)塑造良好的第一印象

"首因效应"是由美国心理学家罗钦斯首先提出的,指交往双方形成的第一印象对今后交往关系的影响,即"先入为主"带来的效果。虽然第一印象并非总是正确的,但却是最鲜明、最牢固的,并且决定着双方交流的进程。专业的推销人员必须给客户创造出一种好印象,在客户眼里的一切,如衣着、姿势、面部表情、体态、谈吐等在一定程度上都反映出推销人员的素养。

(二)唤醒消费者的想象力与兴趣点(沟通与接待中的关键策略点)

销售人员售前对于消费者的兴趣调查会有助于唤醒想象力和欲望的兴趣点。

1. 语言描述

为了唤醒潜在消费者的想象力,推销人员可以对商品的价值、功能、属性等进行生动的语言描述,通过语言传达商品的优势何在,在消费者面前尝试去唤醒需求倾向。

2. 展示商品

在商品的展示过程中,根据不同消费者的消费心理,有的放矢地提示商品带来的乐趣和能满足其某种心愿的程度,激发消费者对使用或购买商品以获得物质享受和心理满足的美好憧憬。

3. 强化商品综合吸引力

通过把该商品畅销的状况、其他消费者对商品的评价意见、推销人员通过自身试用和观察获得的资料等信息、商品售后服务的有关项目与方法、商店经营优势、服务精神和信誉保证等方面的要点传递给消费者,直接提升商品的综合吸引力。

推销人员如果拥有丰富而扎实的专业知识,在产品介绍时就会得心应手,帮助消费者答疑解惑,消除购买异议,建立购销信任感。主动、热情、周到、优质的推销服务需要贯穿整个售前、售中、售后过程,当消费者产生购买心理障碍时,尤其是拒绝购买时,仍然要保持这种服务标准。

> **实例 9-3 价格数字的魔力**
>
> 一位推销员正在向客户推销一套价格不菲的家具。
> 客户:"这套家具实在太贵了。"
> 推销员:"您认为贵了多少?"
> 客户:"贵了1 000多元。"
> 推销员:"那么咱们现在就假设贵了1 000元整,先生您能否认可?"
> 客户:"可以认可。"
> 推销员:"先生,这套家具您肯定打算至少用10年以上再换吧?"
> 客户:"是的。"
> 推销员:"那么就按使用10年算,您每年也就多花了100元,您说是不是这样?"

客户："没错。"

推销员："1年100元，那每个月该是多少钱呢？"

客户："喔！每个月8元多点吧！"

推销员："好，就算8.5元吧。你每天至少要用两次吧，早上和晚上。"

客户："有时更多。"

推销员："我们保守估计为每天两次，每个月您将用60次，所以，假如这套家具每月多花8.5元，那每次就多花不到1.5角。"

客户："是的。"

推销员："每次不到1.5角，却能够让您的家变得整洁，让您不再为东西没有合适的地方放而苦恼。而且还起到了很好的装饰效果，您不觉得很划算吗？"

客户："这么说有道理，那我就买了吧，可以送货上门吧？"

推销员："当然！"

资料来源：文明德，你的第一本销售心理学，2017。

价格是消费者在购买过程中最敏感的因素，销售人员能巧妙地运用价格策略，尤其是通过对商品价格的具体细致的分析解释，让消费者感受到真真正正、实实在在的实惠，促使其购买行为的发生。

第二节 广告宣传与消费心理

一、广告宣传的概念与内涵

（一）广告宣传的概念

广告宣传有广义和狭义两种定义方式。广义的广告宣传指将某件事情广泛地告之公众，使人们能够知晓所进行的信息传播活动。狭义的广告宣传特指商业广告或经济广告，指广告以付费的方式，利用公众媒介传递商品或服务信息，借以向消费者传递商业信息，影响公众的消费心理，引导其形成购买行为的活动。

实例9-4 广告案例——农夫山泉

农夫山泉——"什么样的水源，孕育什么样的生命。我们不生产水，我们只是大自然的搬运工。"

2018年农夫山泉拍摄的最新视频广告，是在农夫山泉的水源地拍摄的纯生态纪录片式的广告。所有画面都取自农夫山泉的水源地，白雪皑皑的长白山脉延绵不绝，洋洋洒洒飘落的雪花衬着一只珍贵稀有的紫貂探头张望，森林、河流、山川间行走着东北虎、东北马鹿这些由来已久又濒临灭绝的神奇生灵，串联其中的便是这晶莹剔透的冰凉泉水。

这部农夫山泉史上最美的广告宛如一部行走的国家地理，最新广告的文案主题是这样表达的："什么样的水源，孕育什么样的生命。我们不生产水，我们只是大自然的搬运工。"

> 为了拍摄这样一部广告,农夫山泉组建了一支全球顶级的野外纪录片团队,也为确保不会惊吓到山林中的生灵,还专门请了长白山当地的动物学家朴正吉作为拍摄顾问。为呈现丰饶的生态水资源,找来了曾为 BBC 拍摄过《人类星球》《地球脉动》第二季等纪录片的盖文·塞仕顿担任摄影。而为了捕捉丰饶水源地的万物生灵,将有近 30 年野外纪录片拍摄经验的约翰·艾驰逊请了过来。此外,交响乐背景音乐的渲染也是大气磅礴、壮丽灵动的。
>
> 资料来源:原创文案。
>
> 纪录片形式的广告,大气磅礴,展示水源地自然无污染环境的同时,又让大家饱览了祖国秀美的河山。纯净的山泉带给人们世外桃源般的沁凉、健康、天然。一方水土,孕育一方生灵,保护好生态环境,可持续发展的观念油然而生。

(二)广告宣传的内涵与心理功能

1. 广告宣传的内涵

1)可识别的企业或个人进行的传播活动。
2)利用公众媒介的非人际传播活动。
3)一种付费的营销传播活动。
4)商品或服务的引导信息。

2. 广告宣传的心理功能

1)传递情报。
2)引导或满足欲求。
3)教育与审美导向。
4)便利决策。

二、广告宣传的设计与消费心理

(一)广告宣传的定位与消费心理

广告宣传的定位不是塑造出新奇的东西,而是去挖掘人们心里原始本真的想法,调动兴趣点,引导人们去想象,最终在消费者心中占据有利位置。

1. 广告宣传定位的含义

广告宣传的定位就是通过广告活动,使企业或者品牌在消费者心中确定唯一位置的一种方法。

2. 广告宣传定位的策略

(1)目标市场定位策略

从找位、选位到定位,目标市场的准确定位,能够将消费群体需求类型化,兴趣点和联想点的关联会更有效地引导消费者的欲求走向。

(2)产品与服务定位策略

产品与服务自身的属性、特点、优势会成为广告宣传当中的亮点。一旦产品和服务的品质定位、价格定位、功能定位、产品服务的文化内涵定位都清晰明朗了,选取最具辨识度的要素进行定位，广告宣传便有了设计与创意的素材。

（3）CIS 定位策略。如果从理念、行为、视觉等方面去全方位定位一个品牌和企业，那么社会责任、企业实力、企业文化、企业目标、企业标识都会成为消费者是否选择购买其产品的前提。

（二）广告宣传的创意与消费心理

广告创意就是广告人在将广告策略予以表达时，利用各种创造性思维，将各种要素进行组合，创造出新的、出乎意料的广告表现与广告价值的过程。

1．关于"求奇"心理的创意

广告宣传中，那些特立独行、博人眼球的创意，总是能在第一时间获得关注，从大众猎奇的角度去关联想象、挖掘兴趣点。

2．关于"求实"心理的创意

找到广告宣传创意与商品实际功能、实际品质、实际价格的连接点，有助于人们明确需求的来源，将商品实际使用后的效果想象出来，强调现实能效性。

3．关于"求同"心理的创意

被认同，有融入感，在广告创意中看到和自己相似的人物、事件、画面，这样的创意设定会让消费者有亲切的代入感，仿若身临其境。

三、广告宣传媒体的选择与消费心理

（一）广告宣传媒体的分类

根据发布广告的媒介与平台的不同，较为普遍和最为常用的一种分类是将其分为以下五类：

1．印刷媒体广告

以印刷传媒作为广告宣传的媒介与平台，如报刊、书籍、海报、传单、说明书、DM册子、邮寄广告、日历等。

2．电子媒体广告

以电子传媒作为广告宣传的媒介与平台，如电视、互联网、手机（短信、彩信）、电影、广播、电子出版物、传真、LED 显示屏、投影、激光、卫星、光导纤维等介质。

3．互动数字媒体广告

这是一种新型媒体介质平台，是随着数字技术的开发与普及而衍生的广告媒介，这种媒介多以交互、互动形式出现，消费者的自主选择性发挥较强，如数字电视媒介、数字广播媒介、数字游戏媒介等。这些媒介让受众群从被动接受广告信息转变为主动选择所需要的特定信息，有利于沟通及提高广告效能。

4．户外媒体广告

这是指暴露在户外开放空间的各类广告媒介，如各种公路广告牌、灯箱广告、霓虹灯广告、建筑外立面广告、海报、旗帜、模型、飞艇、气球、烟雾等。此外，还有利用交通工具和交通设施作为广告媒介的，如汽车车身、船身、飞机机体、地铁火车车身、站牌站台、交通工具厢内和机身内广告等也都属于户外广告之列。

5. 其他媒体广告

其他媒体广告包括各种展销会和展示广告，如各式陈列、形态多样的橱窗、POP、各种小型流动广告媒介（如购物袋、购物推车、广告衫、雨伞、小扇子等），也包括一些附载物或赠品广告（如杯子、纸巾、包装盒等）。

（二）不同媒体的特点

1. 印刷媒体广告宣传的特点

（1）报纸广告

报纸广告的优点主要体现在覆盖面宽，读者稳定，传递灵活迅速，新闻性、可读性、知识性、指导性和记录性"五性"显著，制作成本低廉。

报纸广告的局限性在于它以新闻为主，广告版面较少，广告时效期短。广告设计与制作受限较多，保存性、传真度也不是太好。

（2）杂志广告

杂志广告是指利用杂志的封面、封底、内页、插页为媒介刊登的广告。其优点在于选择性好、可信度高，并有一定的业界权威及口碑，反复阅读率高，传读率高，保存时间长。其缺点是广告购买前置时间长，不利于快速传播。

2. 电子、数字媒体广告宣传的特点

（1）电视广告

电视广告形声兼备，给人强烈的感官刺激，能引起高度注意，触及面广，有强烈的艺术感染力（音乐、文字、色彩、人物、舞蹈等），表现手法多种多样。但成本高、信息转瞬即逝，选择性及针对性都较差。

（2）广播广告

广播广告是利用无线或有线广播为媒体播放的广告。由于广播传收同步，听众容易收听到最快最新的商品信息，而且每天重复播放频率高，传播范围广泛，选择性较强，成本低。其缺点是只有声音传播，信息展现手段较为有限，随机选择的频道声音不易查找和保存，听众过于分散，效果难以估计。

（3）互联网广告

互联网广告借助互联网这种全球性的信息沟通媒介，广告传播的范围广，媒体受众群数量可观，传播速度快，具有即时互动性，表现手法生动，具有持久性和可检索性。目标消费者针对性强，以过多形式展示产品，统计性强，信息量大，广告费用较低。另外，虚拟化、个性化、社群化、全球化也都是其显著的特点。但会受到电脑、网络通信设施的限制。

3. 户外媒体广告宣传的特点

户外广告具有信息集中、传播面广、费用低、收效快、使用时间长、吸引力强等特点。因而被越来越多的企业广泛运用，备受企业青睐。但也受到一定的时空限制，由于设置地点和宣传对象不固定，广告效果也不稳定。

4. 其他媒体广告宣传的特点

以橱窗广告为例。橱窗广告通过橱窗陈列的方式，将样品、模型、文字说明及其他装饰物放置在橱窗内，配以灯光色彩，组成效果逼真的立体空间，以吸引消费者的注意并使其产生兴趣，催生购买欲。但对于橱窗的艺术效果呈现、商品信息的传达、日常维护、更换频次都会因人而异，所以效果呈现参差不齐，效果评估也很难统计。

（三）影响广告宣传媒体选择的心理因素

1．根据目标消费者群的心理偏好和接受程度选择

不同的消费者会接触特定的某一种或某些媒体，有针对性地为广告宣传所面对的目标消费者群选择易于接受的媒体，从文化程度、职业、兴趣等要素来找到选择的依据，这是增强广告促销效果的有效方法。当然，广告宣传的地域范围也是需要充分考虑的，目标消费者群所在的地理位置不同，也会区分该范围内不同的消费者媒体选择偏好。

2．根据广告商品特性选择

根据广告商品或服务本身的性能、特点、档次、目标消费者等因素来选择传播媒体。针对生产、运输、销售、储藏周期较短的商品，为了避免经济损失，以快速传播为特点的广告媒体是首选。例如，新产品上市，针对有长远销售目标的家用电器、高档商品、文化艺术等商品，选择制作周期长，表现手法丰富的电影、电视、杂志等广告媒体作为发布传播平台。

3．根据媒体平台性质选择

（1）根据媒体本身的社会影响力、传播范围，以及其对消费者的吸引力等因素来确定传播媒介。

（2）考虑在企业经济能力允许的范围去选择广告宣传媒体，不同的媒介有不同的价格。

实例 9-5 广告案例——2017 京东小金库

2017年9月，京东小金库发布了一支名为《你不必成功》的广告片，随后这支广告在朋友圈迅速刷屏，台词文案中反复使用的"你不必_____"句型还引起了网友的造句热潮，这支广告文案是这样的：

你不必把这杯白酒干了，喝到胃穿孔，也不会获得帮助，不会获得尊重。

你不必放弃玩音乐，不必出专辑，也不必放弃工作，不必介意成为一个带着奶瓶的朋克。

你不必在本子上记录，大部分会议是在浪费时间，你不必假装殷勤一直记录。

你不必总是笑，不必每一条微信都回复，不必处处点赞。

你不必有什么户口，也不必要求别人要有什么户口。即便生存不易，也不必让爸妈去相亲角被别人盘问出身。

你不必买大房子，不必在月薪一万元的时候就贷款三百万元。三十年后，当孩子们问起那些年你有什么故事，你不能只有贷款。

你不必去知名的大公司追求梦想，你想逃离的种种，在那里同样会有。

你不必去大城市，也不必逃离北上广。

不必用别人的一篇10万+，来决定自己的一辈子。

你不必改变自己。

不必相信一万小时定律，不必读成功学，不必加入高管群，不必成为第二个什么人。

你不必听狭隘女权主义者的杂音，不必理会那些只要求特权，却不尽义务的人。

> 你不必让所有人都开心。
> 不必每次旅游都要带礼物，不必一次不落地随份子，不必在饭桌上辛苦地计算座次。
> 你不必在过年的时候衣锦还乡。
> 不必发那么大的红包，不必开车送每一个人回家。
> 你不必承担所有责任。
> 不必为拒绝借钱给朋友而过意不去，不必为父母的节俭而内疚，不必向路边的每一个乞讨者伸出援手。
> 你不必刻意追求什么彼岸和远方，每一个你想抵达的地方，都有人和你一样想逃离。
> 你不必在深夜停车之后，在楼下抽支烟再回家。
> 你不必背负这么多，你不必成功。
>
> 这是一支视频广告的文案内容，如此长的视频文案常常是不讨巧的，但正是因为主题"不必成功"的犀利观点赢得了大众普遍的认同。从小就被灌输要做一个伟大的成功的人，这则文案却用几十个"你不必"告诉我们，不要用别人的成功来定义自己，要努力去追寻心中所想而非他人所愿，在做自己的道路上，京东小金库会在背后默默支持你。
>
> 部分资料来源：京东小金库官网。
>
> 用京东小金库微薄的收益来支撑用户的梦想，这样的论调其实是有些过于单薄和不切实际的，但这则广告的立意点成功起到了博人眼球的作用，关注度迅速提升就是其广告宣传的心理功效。

第三节 公共关系与消费心理

一、公共关系的含义与特点

（一）公共关系的含义

公共关系指企业在从事市场营销活动中正确处理企业与社会公众的关系，以便树立品牌及企业的良好形象，从而促进产品销售的一种活动。

（二）公共关系的特点

1）公共关系的目标是打造企业和品牌的良好形象。
2）公共关系是企业建立在真诚合作、平等互利、共同发展的基础上所进行的活动。
3）公共关系是企业与公众之间双向的沟通和交流活动。
4）公共关系是一种长期活动，着眼于企业长远的发展。
5）公共关系的影响是多元化的，涉及消费者、供应商、社区、媒介、政府和企业内部职工等。

二、公关促销过程与消费者购买心理

（一）公关促销过程

公共关系促销过程可分为调查研究、制订计划、实施传播和评估效果四个阶段。

1. 调查研究

调查研究指企业通过运用科学的方法，收集与其相关的社会公众对组织的意见及评价资料，并对组织公关状态进行分析的活动。调查内容包括公众的范围、公众的构成；分析企业的类别；调查企业及产品的知名度、信任度、美誉度等。

2. 制订计划

制订计划指企业为了达到公关目标，在充分调查研究的基础上，对企业的公共关系活动进行策划及设计的工作，包括公关发展计划、商品促销计划、公共预算、公关效益计划等。

3. 实施传播

当公共关系的目标和计划一经确定，一系列的传播活动就拉开了序幕。准确、及时、充分地把信息传递给公众，包括所有相关联的方针、计划、传播实施细则。这是整个公共关系工作程序中最为关键的环节。

4. 效果评估

公共关系效果评估是公共关系活动的最后一个环节，也是公共关系活动必不可少的一个组成部分。企业通过这一环节检验公关工作的成果，总结经验，改进工作，为今后的公关计划提供更有效的依据。

实例 9-6　家乐氏的"早餐有益"

美国家乐氏（Kellogg's）公司是一家生产谷类食品的国际性公司，在世界许多国家和地区，家乐氏几乎成了"早餐"的代名词，它之所以获得这种形象，是该公司向世界各地推行"早餐有益"这种观念的结果。早期，家乐氏公司的人员发现，西方许多国家和地区的早餐只是咖啡加面包，这很不利于人们的健康。于是，家乐氏决定向销售本公司产品的所有国家和地区开展一次大规模的传播活动，让这些国家和地区的人们接受吃早餐有益于身体健康这一观念，并借机大规模地推销家乐氏的产品。为了使这一传播计划得以顺利实施，家乐氏主要做了以下三个方面的工作。

首先，家乐氏在销售本公司产品的所有国家和地区成立了"家乐氏营养委员会"，由当地的知名营养专家所组成，其主要任务就是向广大消费者讲授有关营养的基本问题，编写有关营养方面的资料，向当地媒介和消费者分发。

其次，家乐氏公司指令该公司的公关协调人汤普森定期准备有关讨论营养问题的新闻稿，把它译为八国文字，向不同国家和地区的新闻媒介传递，并注意搜集新闻媒介对新闻稿的反馈信息。

最后，家乐氏公司制作了一部名为《向良好健康问早安》的影片，该影片被发往世界各地，估计观众已达百万人。同时，家乐氏又专门为青年人制作了一部名为《营养天地漫游》的影片。发行两年间，观众就已达 520 万人。家乐氏还同学校、医疗单位、青年团体、青年主妇协会、托儿所、政府机构及一些以教育为主要内容的电视台联系，经常到它们那里去放映这两部影片。

经过以上这些大规模的营销宣传活动，家乐氏终于实现了自己的公关目标——使许多人都相信，从营养学的角度看，吃好早餐，尤其是食用以谷类为主的各种早餐食品，是合理的。

资料来源：石地，促销策略，2015。

> 家乐氏的成功表明，实施传播是实现公关促销的重要步骤。如果只是绘制公关活动的计划蓝图，却不按照制订方案具体作业，那么计划就等于一纸空文。

（二）公关活动与消费者购买心理分析

1. 可信且间接的心理

与人员推广、广告宣传、营业推广等促销方式相比，公共关系活动给消费者的感觉更间接，通过构建环境、营造氛围、打造口碑、树立知名度，以社论性的传播来增加可信度，形式上更加权威和客观。

2. 猎奇且关联的心理

消费者对于那些故事性强、有轰动效应的新闻消息内容总是具有一定的围观效应。与此同时，消费者还会建立关联性，带着个人的观点、情感，混合构建自己对于事件和企业的印象，将这种猎奇后的关联迁移至商品，最终影响其心理，进而决定是否购买。

第四节 营业推广与消费心理

一、营业推广的定义与特点

（一）营业推广的定义

营业推广又称销售促进，指企业在短期内刺激消费者对某种或几种产品或服务产生大量购买的促销活动。

（二）营业推广的特点

营业推广向消费者提供了一个特殊的购买机会，它能够唤起消费者的广泛注意，对想购买便宜商品的消费者及低收入阶层的消费者颇具吸引力。营业推广一般具有以下特点：

1. 直观且立竿见影

许多营业推广都是借助道具、工具的展示来吸引消费者的注意力的，最直观地抛出诱导消费者的需求点，对刺激需求见效快、效果显著。

2. 短期性

这是非经常性的促销活动，以价格、赠品、奖励和展示为核心的方式进行，时效性短。

3. 有一定的局限性

营业推广的影响面较小，如果使用不当则可能会降低消费者对品牌的长期忠诚度，引起消费者对商品质量的疑虑，对价格产生持续不满的态度。

二、营业推广与消费者购买心理分析

（一）价格为主的营业推广对消费者心理的影响

价格为主的营业推广是在一定时期内，用售价的变化来刺激消费者的营业推广活动。

通常售价的折让能迅速吸引消费者的关注点,并能催生购买欲,提高销售额,对高价商品的销售也有明显效果。但如果经常使用,也会使消费者在价格回升至日常售价时,不愿购买,待下次价格折让才会有所欲求。

(二)赠品为主的营业推广对消费者心理的影响

这是通过馈赠或派送免费品来宣传商品的属性、特点、价值等的营业推广活动,是建立企业与消费者之间感性联系的方法之一。赠品可以增加潜在消费者对商品的全方位了解,提供有纪念意义、体验意义、优惠意义的商品作为赠品、样品或赠券兑换之物,可以消除消费者对商品的疑虑,刺激购买。

(三)奖励为主的营业推广对消费者心理的影响

这种方式是在销售时设立若干奖励来促进销售。让消费者有参与积极性的活动主题,有吸引力的奖品,轻松愉悦的氛围,让消费者乐于融入,有利于在较大范围内迅速促成购买行为。

(四)展示为主的营业推广对消费者心理的影响

这种方式是将商品直接展示在消费者面前,配合包装、布置货架、设置展台的直观陈列、示范活动。这种展示推广的方式可直接激发消费者发出拿取、近距离观察、试用等行为,能够更具体地了解商品,这对吸引消费者注意力、消除购买异议有助推作用。

当然在营业推广的同时,也要向消费者传达一种信息:"优惠并不是天天有,你很走运。"这样,消费者才会更满足,更愿意购买。

> **实例9-7 福特的抽奖**
>
> 在美国经济不景气的时代,人们的收入水平普遍有所下降,各家庭已经不再像从前那样经常频繁地购买和更换汽车了。几乎所有汽车公司的汽车销售量都有所下降。福特汽车公司的领导人意识到,如果不设法开创新的局面,公司的前景将会非常暗淡。
>
> 福特汽车公司在经过一番仔细的市场调研之后,发现最有可能购买福特汽车的客户,是那些已经拥有了福特汽车的家庭,因为他们了解并信任福特汽车的品质和性能,这些老客户在接受调查时都纷纷表示,如果有可能,愿意再买辆新的福特汽车。于是,福特汽车公司决定将这次促销的目标客户定位在过去4年中所有已经购买了福特汽车的老客户。为了吸引这些老客户,福特汽车公司在全国各大主要媒体进行了铺天盖地的广告宣传,向他们发出了福特汽车促销的信息;同时,为了增加对老客户的吸引力,福特汽车公司还专门设置了80万个奖项,希望老客户光顾福特汽车公司的各家专卖店,借此来制造福特汽车热销的氛围。具体促销内容如下:
>
> 向老客户直接邮寄函件,里面附有当地经销商的汽车维修折价券。在向老客户直接邮寄函件的同时,寄出数以万计的抽奖券,并在抽奖券上说明此次奖品共计1 000万美元,欢迎大家踊跃参加。
>
> 在广告宣传中说明头等奖赠送两辆福特汽车,此外还有许多其他奖品。如果所中奖品没有被领走,可以继续抽奖,直到被领走为止。

福特汽车公司开展这次抽奖促销活动的目的，一方面是增加福特汽车的销售量，另一方面也可以促进福特汽车的维修业务，掌握用户对福特汽车的意见，加强同汽车专卖店的联系，使这些专卖店积极配合福特汽车公司的促销活动。

抽奖促销活动举行之后，福特汽车公司的上述各项目标基本实现，有的甚至超出预期。例如，有超过30万的新老消费者前往福特汽车公司的各家专卖店参观展览，大约有10%的人购买了新的福特汽车，使福特汽车的销售量比上年增加了30%；同时，经销商的参与率也比上一年增加了1倍多，从而大大提高了福特汽车公司的知名度，加深了福特汽车在消费者心目中的印象。

资料来源：文明德，你的第一本销售心理学，2017。

抽奖促销是一种常用的营业推广手段，通过举办与产品有关的抽奖活动，消费者可以结合消费加运气获得利益，以此吸引消费者注意和参与，能够有效地促进产品的销售。

案例分析：星巴克的"全球服务月"

每年4月是星巴克的"全球服务月"。这项活动诞生于2011年，也是为纪念公司成立40周年而发起的全球性公益活动。在服务月期间，星巴克的员工们会组成志愿者小组，针对社区居民开展丰富多彩的公益活动，比如搭建一个简易的爱心小市场，也叫"星巴克跳蚤市场"，拿出崭新的毛巾、脸盆、牙刷等生活用品，免费交换社区居民家中的废旧塑料瓶、废纸、旧电池及其他可回收废弃物。这样的活动既环保，又能帮助居民处理生活废弃物，因此颇受居民的欢迎，也增强了居民对星巴克品牌的好感。再如，对于社区内一些缺少关爱的空巢老人，志愿小组也会带着礼物送去温暖，给予他们力所能及的帮助。又如，为了传播环保意识，志愿者小组还开展了环保盆栽、咖啡渣回收利用等活动，小组成员带来了环保布袋和废弃的纸杯，让居民们发挥想象，在上面DIY各种图案，同时还现场调制咖啡，请居民品尝，对于剩下的咖啡渣，可以用来制作除臭袋或盆栽肥料。这些活动充满趣味性，吸引了居民踊跃参与，大家对星巴克倡导绿色健康新生活的做法赞不绝口。类似这样的星巴克"全球服务月"在中国也已经连续开展了几年，受到了社会大众的普遍好评。2016年4月，"全球服务月"再次开启。本次服务月的活动主题是"支持青年"，主要面向教育程度低下、缺乏职业技能的外来务工人员，帮助他们接受职业教育和职业培训，并为他们寻找适合的就业机会。在活动中，有300多名外来务工青年获得了星巴克的帮助，电视新闻、报纸、杂志等多种媒体平台也对此次活动进行了报道。

资料来源：杨宗勇，不只是咖啡：星巴克的经营哲学，2017。

本章小结

本章从人员推销、广告宣传、公共关系、营业推广等基本概念入手，继而介绍了消费心理学与这四个基本促销方式的连接点，以及相关消费心理策略等基础知识。通过介绍消费心理学在不同方式、过程中的变化，分析了消费者的购买兴趣点、欲求，以及是否能促成消费行为的发展过程。

练习题

一、单项选择题

1. 广告的引导功能主要体现在（　　）。
   A. 吸引消费者注意　　　　　　　B. 激发消费者购买欲求
   C. 改变消费者态度　　　　　　　D. 提供商品信息
2. （　　）又称（　　），指企业在短期内刺激消费者对某种或几种产品或服务产生大量购买的促销活动。
   A. 促销；促进推广　　　　　　　B. 人员推广；人员促销
   C. 营业推广；销售促进　　　　　D. 公告促销；公关推广
3. 公共关系的目标是（　　）。
   A. 吸引消费者的注意力　　　　　B. 促销商品
   C. 传递商品信息　　　　　　　　D. 打造企业和品牌的良好形象

二、多项选择题

1. 人员推销的特点与作用有（　　）。
   A. 灵活性　　　　　　　　　　　B. 及时性
   C. 有针对性　　　　　　　　　　D. 交互性
   E. 亲和力强
2. 广告宣传的心理功能包括（　　）。
   A. 便利决策的功能　　　　　　　B. 教育与审美导向功能
   C. 传递情报的功能　　　　　　　D. 引导或满足欲求的功能
   E. 绿色发展的原则

三、判断题

1. 橱窗的艺术效果呈现、日常维护等在效果评估上是易于把控的。（　　）
2. 广告宣传的定位就是通过广告活动，使企业或者品牌在消费者心中确定一个或多个位置的方法。（　　）
3. "首因效应"是由美国心理学家罗钦斯首先提出的，指交往双方形成的第一次印象对今后交往关系的影响。（　　）

实训项目

消费心理分析

一、实训目的

培养对人员推广的分析研究的认知。

二、实训内容

1. 根据自己的经历，回忆一次购物过程，总结服务人员的售前、售中、售后服务的策略有哪些优缺点。

2. 调查同学们最近的消费活动中，是否有拒绝购买行为，原因是什么，营销人员采取什么方法可能会转化或降低拒绝购买的态度。

三、实训要求

1. 按教学班级进行分组，每组 5~8 人，按组进行调查。
2. 小组成员针对自身情况逐一陈述分析。
3. 由每组组长负责完成分析报告的撰写。

第十章

销售服务策略与消费心理

学习目标

能力目标
- 能掌握销售服务的心理策略。
- 能掌握销售人员提高服务质量的消费心理策略。

知识目标
- 能掌握售前、售中、售后服务的概念。
- 能掌握销售人员的仪表对消费者心理的影响。

引导案例

星巴克宠物友好店现身杭州

大家恐怕都不会对星巴克社区概念和宠物友好店陌生,在2017年广州开出第一家门店之后,大家对星巴克这个新的店铺形式有了更多的兴趣。

近日,浙江首家星巴克社区概念和宠物友好店于杭州世茂缤谷广场正式开业,成功吸引了周边居民以及爱狗人士的注意。这家星巴克位于杭州世茂缤谷广场的一层,面积大约为200平方米。右侧是杭州首家宴会式餐厅7017,对面则是KFC概念店。

据《联商网》了解,与多数星巴克门店不同的是,星巴克社区概念&宠物友好店充分照顾到了周围居民与爱宠一起出门的社区特色,在咖啡店外设置了宠物游乐区、宠物座位,还专门提供宠物专用菜单,为不方便进门的宠物提供了舒适的休息服务。

当然,除了宠物友好店的特色以外,这家星巴克社区店更是有许多和常规门店的不同之处。开放式的咖啡制作区选用了原木色系的长桌吧台形式,更方便与咖啡师交流;休息区域也足够宽大,低矮的沙发座椅和圆角设计的家具,方便邻里间的聚会聊天。

往常自助取吸管、搅拌棒的柜子上,增加了一面大圆镜,桌上还有免费取用的饮用水,让客人更舒适自在,为消费者带来像"家"一样的温暖舒适。另外,店内还有一幅为杭州专门定制的画,仔细一看,还是由我们小时候玩的"东南西北"折纸拼接而成,倍显亲切温馨。

同时,这家星巴克还提供6款专属咖啡师的特调手工饮品,并且提供送餐服务,点完单以后不用像以往那样自取,而是可以先找座位坐下来,服务员会把制作好的咖啡送到你的座位上。

资料来源:联商网。

【引入问题】
　　星巴克公司为什么要开宠物友好店？从消费心理学的角度分析，星巴克公司的这种售后服务会给消费者带来什么样的感受？

　　在商品销售过程中，除了前面所提到的消费者群体、社会文化、商品因素、商业广告、购物环境等会影响消费者心理外，企业所提供的销售服务能够在很大程度上影响消费者心理，进而影响消费者的购买决策。本章将主要介绍销售服务的基本知识，以及售前服务、售中服务、售后服务与消费心理的关系。

第一节　销售服务与消费心理

　　销售服务指各类企业为支持其核心产品所提供的服务，即为消费者提供专业的咨询、使用指导、使用价值跟踪等各种服务，以最大限度地满足消费者需求，增加商品的使用价值。在今天这样竞争激烈的市场环境中，服务扮演着越来越重要的角色，服务也是一种产品。

一、销售服务的主要内容和类型

　　美国企业家杰克·韦尔奇曾说："企业的存在就是向客户提供服务，发现客户的需求并满足它，任何企业最重要的问题都是如何做好客户服务。"企业要搞好营销工作，必须分析研究销售服务心理，根据消费者对销售服务的要求，增加服务项目，提高企业服务质量，扩大市场销售。

（一）销售服务的主要内容

　　销售服务可分为两种类型：一种是技术性服务，如指导消费者如何正确使用产品，帮助消费者安装调试、保养维修等；另一种是非技术性服务，如接受消费者对产品的询问，给出合理性建议等。因此，销售服务的技巧就是更好地和客户进行沟通，巧妙消除消费障碍。

（二）销售服务的类型

　　销售服务的类型通常分为售前、售中、售后三个阶段。在当前市场环境下，售后服务被放到特别突出的位置，很少有人研究分析销售中的售前服务问题。在整个营销和销售系统链条中，售前服务是营销和销售之间的纽带，作用至关重要，不可忽视。而售中服务是促进商品成交的核心环节，售后服务则是和消费者建立长久关系的起点。

二、售前服务心理

（一）售前服务的定义

　　售前服务指企业通过市场调查研究，了解消费者的需求愿望，采取有效措施，在消费者未购买商品之前向消费者提供有关的服务。售前服务是争取消费者的重要手段。

（二）售前服务的内容

消费者购买商品的过程，首先总是从对商品或商店的注意开始的，进而逐步对商品产生兴趣，产生购买欲望。而售前服务的心理影响正是要达到引起消费者注意，并对商品产生兴趣和购买欲望的目的。如汽车销售售前服务，先向目标消费者提供产品说明书，方便消费者获取商品的相关信息和资料，或者代为设计合适的型号、规格，进行技术咨询，利用广告宣传介绍自己的产品，提供试乘试驾等。因此售前服务的内容主要体现在利用售前广告引起消费者的注意，利用商品陈列力求使消费者产生兴趣，以及准备货源、检验商品质量等各项工作上。

（三）售前服务的消费心理策略

针对售前消费者的心理需求，应采取相应的心理策略。

1. 认知消费者欲望，促使其接受产品售前服务

消费者最关注的是有关商品的信息，他们需要了解商品的品质、规格、性能、价格、使用方法，以及售后服务等内容，这是决定是否购买的基础。一般可以通过三个途径来实现：

1）利用广告宣传和咨询服务的手段，增强消费者的注意力。广告作为企业和消费者之间的重要媒介，具有诱导、认知、教育、促销等功能。通过广告的设计，促进消费者学习，并对其产生积极的影响。或者通过企业咨询服务、店堂布置、商品陈列、便捷购物环境等，促使消费者产生购买动机。

> **实例 10-1　QQ 汽车广告增强消费者认知**
>
> QQ 汽车的广告语：秀我本色，想快乐，找 QQ。该广告语通俗顺口，且广告主题明显。通过 QQ 汽车本身具有的特色，来吸引那些想追求自我真个性，同时想要快乐的人们，买车就找 QQ。广告语的引导启发性强，善于挖掘消费者的内心想法，并同时将 QQ 汽车的特色予以展现出来，增强了消费者对于 QQ 汽车的认知，使消费者产生好感。
>
> 资料来源：焦利军，邱萍，消费心理学（第 2 版），2013。
>
> QQ 公司利用广告宣传的手段，吸引消费者的注意力。广告作为企业和消费者之间的重要媒介，具有诱导、认知、教育、促销等功能，好的广告语能促使消费者产生购买动机。

2）帮助消费者树立新的消费观

随着科学技术的飞速发展，商品中的科技含量越来越高，消费者通过自身认知较为困难，这就需要不断引导消费者学习新的知识和技术，顺势推销商品，帮助消费者树立新的消费观，准确选购和使用商品。

3）售前进行商品质量检验。售前进行商品检验既是确保售前服务质量的有效措施，也是确保商品质量的有效措施。做好这一点，对消费者心理可以产生重要影响，消除其戒备心理，增强其对商品的安全感。

2. 建立档案，把握消费者心理需求

随着社会经济的发展，人们的价值取向和审美情趣往往表现出社区消费趋同的现象。企业以此作为标准来细分市场，会对销售大有帮助。企业可以通过建立数据库，储存目标市场消费者的心理特征、购物习惯等方面的信息，为做好更有针对性的服务提供依据。

3．最大限度地满足消费者的相关需求

消费者在购买商品之前，往往对自己要购买的商品有所估量，如价格、性能、服务，这种估量就是所谓的期望值。企业生产与销售产品，除了要满足消费者的物质需要，还要满足消费者的心理需要。随着消费观念的提升，心理需求往往比物质需求更为重要，消费者的心理需求占据主导地位。因此最大限度地满足消费者的相关需求，使提供的产品或服务超出消费者的预期，会让消费者产生惊喜的感觉，从而促使其购买商品。

良好的第一印象是成功沟通的基础，无论是售前还是售后，迎客服务工作如果没有做好，都会直接影响客户购物体验，严重的话还会流失订单。如下面的第一位客服回答简单粗暴，客户一看就会被吓跑，而第二位客服则离成功不远了。

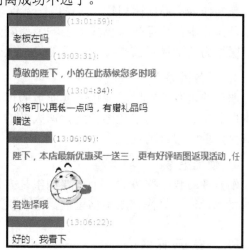

三、售中服务心理

（一）售中服务的定义

售中服务指在商品销售过程中，直接或间接地为销售活动提供的各种服务。优质的售中服务，不但会增加销售成交的概率，更重要的是为消费者提供了享受感，从而增强了消费者购买的欲望，在买卖者之间形成相互信任、融洽自然的气氛。因此，销售服务中的服务被企业家视为商业竞争的有效手段。

（二）售中服务的内容

售中服务主要包括介绍商品、充当参谋、付货与结算。这些内容都将极大地影响消费者的购买情感。通过深入介绍和启发，让消费者进行商品比较，提供专业知识经验和建议，让消费者亲自体验商品等方式，不仅可以吸引更多的消费者，而且能促进成交，增加消费者的信赖感，建构融洽而自然的气氛。售中服务的核心是为消费者提供方便的条件和实在的物质服务，让消费者体会到拥有商品的愉悦。

（三）售中服务的消费心理策略

售中服务是企业销售活动中不容忽略的首要任务和策略之一。由于消费者对商品的需

求是千差万别的，因此，他们对商品的售中服务的心理要求也是多方面的。应针对不同的心理要求，采取相应的心理策略。

1．价格策略

价格是消费者购买活动中最重要、最敏感的因素，因此是影响消费者购买的首要因素。商品价格首先具有衡量价值的作用，其次有比拟作用，最后为刺激需求的作用。销售人员在帮助消费者获得详尽的产品信息后，使消费者准确了解商品，从而帮助消费者确定商品价格的合理性。

2．包装策略

包装作为商品的附属物，其作用已不仅是保护商品，更重要的是美化商品、诱导消费。在销售过程中，商品包装已成为影响消费者购买的主要因素。因此，在售中服务中，通过具有吸引力的商品包装来传达产品信息，已成为现代推销最有效的方法和手段之一。

3．服务策略

服务的内容非常广泛，包括营业员的仪表、言语、举止及态度等很多方面。消费者在售中服务中的心理需求是感受到营销人员的热情接待和尊敬。因此服务的好坏往往会直接影响到消费者最终的决定。

4．便捷策略

消费者对售中服务的一个重要期望是方便快捷。这种期望主要表现在减少等待时间，尽快受到接待，尽快完成购物过程，方便挑选，方便交款，方便取货等。

四、售后服务心理

售后服务一直被众多公司用来指导客户关系，管理客户服务工作，从而提升客户的满意度和忠诚度，最终实现公司的客户可持续发展的战略意图。

（一）售后服务的定义

售后服务指生产企业或零售企业为已购商品的消费者提供的服务。在市场经济条件下，商品到达消费者手中，进入消费领域以后，企业还需要提供持续的服务来增强和消费者的沟通，获得其宝贵的反馈，提高消费者的满意程度。

（二）售后服务的内容

随着消费者服务意识的增强，售后服务的范围也在不断扩大。售后服务主要有三方面的内容：①提供知识性指导及咨询服务，通过实行"三包"服务，使消费者树立安全感和信任感。②帮助消费者解决安装与运输大件商品服务等常使消费者感到为难的问题，为消费者提供方便。③维持和增进消费者的软性服务。

（三）售后服务的消费心理策略

随着商品的同质化发展，售后服务成为企业竞争的关键因素之一。为了不断增强消费者的满意感，有以下几点消费心理策略可供参考使用。

1．提供优质售后服务

1）送货服务；

2）"三包"服务：包修、包换、包退；

3）安装服务；

4）包装服务；

5）知识性指导及产品咨询服务；

6）承诺与赔偿服务。

2．重视并积极处理消费者的承诺

积极处理消费者投诉是减少并消除消费者购后不满意的一个重要举措。企业可通过设立客户呼叫中心系统，专人负责处理消费者的投诉。另外，生产厂家可在销售区域设立服务代表或办事处，处理售后服务和消费者投诉等事宜，经销商家也可在商场指定专人负责接待并处理消费者投诉。

3．提供网络服务平台

企业可以通过建立广泛的服务网点，开通免费电话等方式，向消费者提供及时有效的售后服务。

4．个性化服务

企业通过创新，向消费者提供超过预期的、更周到、更个性化的服务。

实例 10-2　当消费者要求退换货

在零售终端，消费者要求退换货是很常见的事，但也是让门店人员颇为头疼的尴尬问题。眼镜产品尤其是带有光度的眼镜产品，因其个人适应性、个体屈光度、佩戴习惯等的不同，在佩戴过程中更容易出现个体差异，甚至引起不适。与服装、饰品、化妆品等产品相比，眼镜产品因其特殊的购买过程，退换货率较低，但并不表示不存在消费者要求退换货的情况。一旦有消费者上门要求退换货，不仅意味着该消费者对企业失去了信任，还很有可能影响到其他消费者。"在确认门店工作人员不存在验光失误、引导失误的情况下，我们会先对消费者进行二次验光，同时对于验配产品进行再次检查。"某连锁眼镜店店长在接受记者采访时介绍说，"每个月出现一两例要求退换货的情况属于比较正常的，有的消费者对于眼镜产品期待过高，或者不太适应诸如渐进片等对消费者自身个体情况要求比较高的镜片，会出现短期不适。一般我们会建议有7天左右的适应期，如果消费者强烈要求退换货，这时候就会建议客户重新选购一副单光镜片。"

遇到比较理智的消费者还比较容易解决，但有些消费者无端要求退货，并且威胁不解决就不离店，这种情况的发生，还可能影响到店铺的其他消费者，因而需要更加妥善的处理。"在人多的情况下，建议与他（她）进行单独沟通，倒杯水，安抚下情绪，耐心地询问退货原因，告诉他（她）店铺产品的品质和保障。针对不同的情况，再采取不同的解决方案。"该店长表示，消费者进店要求退换货，不能采取拒绝、置之不理的态度，而是应该将其视为二次销售、提升品牌力的机会，退货不可怕，可怕的是消费者什么也不说，什么也不做，直接在心里将你拉入黑名单。

资料来源：中国眼镜科技杂志。

企业提供个性化服务，不仅要考虑消费者的个人喜好，更要考虑消费者的适应能力。好的企业应该尽量满足消费者的个性化要求，哪怕是根据其个人要求和特点定制的镜片，如不能满足消费者的需求和喜好，还是应该积极退换和处理，以免给消费者带来负面影响，进而影响企业形象。

第二节　购物环境与消费心理

一、购物环境的含义

购物环境指固定的商品销售所需要的场所和空间，以及与其相配套的服务设备和附属场所。主要包括商店的店址、营业建筑及外观环境、商店的外观、商店的招牌、橱窗设计等。

实例 10-3　麦当劳的选址经验

麦当劳在我国的发展步伐无疑是飞速的，几乎没有孩子不知道麦当劳叔叔。麦当劳始终认为，正是因为餐厅选址是坚持通过对市场的全面咨询和对位置的精准评估，才能够使开设的餐厅，无论是现在还是在将来，都能健康稳定地发展。

以先标准后本土的思想建立的麦当劳，首先寻找适合自己定位的目标市场作为店址，再根据当地情况适当调整。它们不惜重金、不怕浪费更多的时间在选址上。但它们一般不会花巨资去开发新的市场，而是去寻找适合自己的市场；不会认为哪里都有其发展的空间，而是选择尽可能实现完全拷贝母店的店址。用一个形象的比喻来说，它们不会给每个人量体裁衣，它们需要做的只是寻找能够穿上它们衣服的人。

在分店的选址上，麦当劳有着严格的五项标准：
1）目标消费群明确，即麦当劳的目标消费群是年轻人、儿童和家庭成员。
2）坚持布点二十年不变的原则，避免出现市政动迁和周围人口动迁。
3）麦当劳布点让路人感知麦当劳的餐饮文化氛围。
4）注意节省布点成本，当要价超过投资的心理价位时，麦当劳不急于求成，而是先发展其他地方的布点。通过别的网点的成功，让"高价"路段的房产业主感到，对麦当劳的引进有助于提高自己的身价，于是再谈价格，重新布点。
5）优势互动。麦当劳开"店中店"选择的"东家"，不少是品牌信誉较高的，如大型购物广场、休闲购物中心等。知名百货店为麦当劳带来客源，麦当劳又吸引年轻人逛商店，起到优势互补的作用。

资料来源：柳欣，李海莹，消费心理学（第 3 版），2014。

麦当劳布点所遵循的原则值得中国企业者借鉴，面对越来越成熟的消费者，消费的不仅是商品本身，还包括消费环境、消费舒适度等附加产品，商家的选址包括对售卖环境的布置都可能直接影响消费者的购买意愿。

二、商店选址与消费心理

商店地址与消费者的购买心理密切相关，直接关系到经营活动能否成功实现。那么要实现企业的经营目标，商场选址需要综合依据以下几个原则。

（一）商店选址的基本原则

1. 方便消费者购物

满足消费者需求是商店经营的宗旨，因此商店位置的确定，必须首先考虑能否方便消费者购物，为此商店选址要符合以下条件：

（1）交通便利

火车站、汽车站和地铁站附近，是过往乘客较集中的地段，人群流动性强，流动量大。如果是公交枢纽，则该地段的商业价值更高。商店店址如选在这类地区，就能给消费者提供便利购物的条件。

（2）靠近人群聚集的场所

如影剧院、商业街、公园名胜和旅游风景区附近，这些地方可以使消费者享受到购物、休闲娱乐、旅游等多种服务的便利，是商店选址的最佳地点。但由于该地段属经商的黄金之地，寸土寸金，地价高、费用大，竞争性也强，因此并非适合所有商店经营，一般只适合大型综合商店或有鲜明个性的专业商店的发展。

（3）人口居住稠密区或机关单位集中的地区

这类地段人口密度大，且各店面距离较近，消费者人数足以形成一定的规模，消费者购物省时省力，比较方便。商店地址如选在这类地段，会对消费者产生较大的吸引力，很容易培养忠实消费者群。

2. 有利于商店开拓发展

商店选址的最终目的是要取得经营的成功，因此要着重从以下几个方面来考虑如何便利经营。

（1）提高市场占有率和覆盖率，以利于商店的长期发展

商店在选址时，不仅要分析当前的市场形势，而且要从长远的角度去考虑是否有利于扩充规模，提高市场占有率和覆盖率，在不断增强自身实力的基础上开拓市场。

（2）有利于形成综合服务功能，发挥特色

不同行业的商业网点设置，对地域的要求也有所不同。商店在选址时，必须综合考虑行业特点、消费心理及消费者行为等因素，谨慎选址。

（3）有利于合理组织商品运送

商店选址不仅要注意规模，而且要追求规模效益。因此在商店地址的选择上应尽可能地靠近交通便利地区，这样既能节约成本，有利于合理规划路线，又能及时组织货物的采购与供应，确保经营活动的正常进行。

（二）商品因素与选址策略

商店的选址除了考虑地理区域因素外，还要分析商品本身的性质、消费者的消费习惯等因素，准确选择面向目标区域消费者的商品门类及商品价格定位。

1. 商品性质与选址策略

商品的性质与消费者的消费心理密切相关，店址的选择应充分考虑这一点。比如，销售日常生活用品的便利超市应设在靠近居民区中间的地段，以方便居民日常购物。

2. 商品价格与选址策略

商品价格的高低与其周围居民的消费水平有着直接的联系，应根据消费者对商品价格的需求心理选择店址。比如，销售高档文化艺术类商品、豪华生活消费品的商场应设在高收入居民的生活聚集区。

3. 消费习惯与选址策略

不同地区、不同民族的消费习惯各不相同。商店选址要根据商品的特性，考虑消费者饮食习惯和消费习惯的不同，因地而异。

（三）商店因素与选址策略

在商业发达的地区，消费者购物除考虑商品因素以外，还要考虑商店的类型，主要体现在以下几个方面。

1. 业态分布

业态是服务于某一消费者群或某种消费者需求的销售经营形态，是目标市场进步细分的结果，如百货商店、超级市场、连锁商店、仓储式商店、便利商店等，必须依据消费者对不同业态的需求来选择店址。

2. 竞争环境与消费心理

商店周围竞争环境是影响消费者心理的重要因素，是商店选址心理的重要组成部分。商店选址要考虑业态种类及业态分布，或与其周围的其他商品类型相协调，或能起到互补作用，或有鲜明的特色。同类小型专业化商家聚集设店，可形成特色街吸引人气，从而满足消费者到特定商业街购物时持有的特定心理预期。

3. 配套场所与消费心理

消费者在商店购物中要求获得配套服务，因此商店在选址时要同时考虑配套场所。

三、店面设计与消费心理

当今的消费者再也不满足于以往进商场仅是为了购物的单纯需求，他们开始对商场的购物环境提出更高的要求。因此，商场的购物环境好坏对消费者心理的影响作用很大，讲究环境景观、商场设施和场内气氛等有形、无形的机能，从而为消费者提供高品位的心理服务。

1. 商场内部的光照心理

售货现场是消费者活动的公共场所，商店营业厅明亮、柔和的灯光，不但可以保护营业员和消费者的视力，缩短消费者的选购时间，加快营业员的售货速度，还能起到吸引消费者注意力、调动消费者购物心理的效力。因此现代商场都非常重视合理运用照明设备、营造明快轻松的购物环境。商场售货现场的采光一般有自然采光和人工采光两种，可以相互结合利用。

（1）自然采光

自然采光能够使消费者准确地识别商品的色泽，方便消费者挑选比较商品，从而使消费者在心理上产生真切感与安全感，避免受灯光影响，使商品的色泽产生差异而购买到不如意的商品。因此，在采光方面，要尽可能地利用自然光源。

(2) 人工采光

由于售货现场规模、建筑结构形式不同,自然采光所占比例不大,因此随着照明技术的进步,人工采光灯光设计在售货现场设计中的地位日益突显。先进的灯光设计能够增加店容店貌的美观度,能够突出商品显示效果,从而吸引消费者参观选购,刺激消费者的购买欲望。

2. 商场内部的色彩心理

商场内部的色彩既能体现装饰的风格,又能引发人们的心理感受。在现实生活中,色彩的选择常常与人们的自身性格、生活经验及爱好相关。不同的色彩能引起人们不同的联想,产生不同的心理感受。因此,营业现场色彩设计的合理性关系到消费者在购物活动中的情绪调解,不同的色彩及其色调组合会使人们产生不同的心理感受。

四、店面橱窗的布置

店面橱窗是在商店沿街或商店周围的窗户设立的玻璃橱窗,把所经营的重要商品,按照巧妙的构思设计,通过布景道具和装饰画面的背景衬托,并配合灯光、色彩和文字说明,排列成富有装饰性和整体感的货样群,进行商品介绍和展示的一种综合性艺术形式。

(一) 橱窗布置的心理功能

1. 唤起注意

面对琳琅满目的商品,总会使人眼花缭乱,不易集中注意力。橱窗既是装饰商场店面的重要手段,也是商场直接向消费者推介商品的不可或缺的广告宣传场所。新颖优美的橱窗布置容易吸引人们的眼球。

2. 引起购买兴趣

商家在橱窗布置中使用实景、实物的方式,将精选出来的热门商品或最新款式展现在显眼的位置,并根据消费者的兴趣和季节不同而随时更新,带给消费者新鲜感和亲切感,让消费者通过视觉上的注意引发购买的兴趣。

3. 激发购买动机

橱窗展示可采用特殊的表现形式,全方位地将商品的形象、性能、功用加以渲染。随着消费者注意力和兴趣的积累,购买的欲望逐渐强烈,购买动机随之产生。

(二) 橱窗设计的心理策略

店面橱窗的设计要想获得理想的营销效果,必须注意适应消费者的心理需求,以赢得消费者的喜爱,激发购买欲望,增强购买信心。要发挥橱窗对消费者的心理影响功能,一般应注意以下心理策略。

1. 精选特色商品,突出商品本质,以适应消费者的选购心理

大多数消费者看橱窗,往往就是为了观赏、了解和评价橱窗的陈列商品,为选购商品收集有关资料,以便做出决定。因此,商店橱窗设计最重要的心理方法,就是要充分精选当季特色商品,突出商品本质,把商品的主要优良品质或个性特征清晰地展示给消费者,给消费者选购以方便感。

2. 塑造优美的立体形象，给消费者以艺术享受

橱窗的陈列要适应消费者的审美趋势，运用各种艺术手段，生动巧妙地布置橱窗。橱窗的艺术构思要单纯凝练、新颖独特，橱窗的色彩要清新悦目、统一和谐。具有强烈艺术感染力的店面橱窗不仅可以装点市容、美化商店，而且可以加深消费者对商品的视觉印象，使消费者从中得到美的享受。

3. 利用景物的间接渲染，满足消费者的情感需要

用以景抒情的艺术手法去体现橱窗的设计主题，对橱窗内的陈列商品进行间接的描绘和渲染，使橱窗陈列具有耐人寻味的形象象征，引导消费者从寓意含蓄的艺术构思中，联想到美好愉快的意境，满足消费者的情感需要。

4. 根据季节变化和市场消费形势，及时调整商品陈列

商店要运用科学的方法，经常对商品、市场、消费者进行调查研究，以取得可靠的市场情报和资料，作为及时调整商品陈列的依据。把适销商品、新产品适时地摆在橱窗显眼位置上。

五、购物内部环境与消费心理

商品的陈列与展示是商店最基本的工作内容。一个好的商品陈列设计必然来自实践经验和吸引人的创意。当然，商品的陈列与展示作为一项实用技术，自有一定的规律，也是有章可循的。

（一）影响消费者情绪的店内环境因素

1. 照明

照明可分为基本照明、特别照明和装饰照明三大类。基本照明以在天花板上配置荧光灯为主。照明光度的强弱，一般要视商店的经营范围和主要销售对象而定；特别照明属商店的附加照明，一般视主营商品的特性而定；装饰照明也是附加照明，主要起到对商店的美化、对商品的宣传及购买气氛的渲染等方面的作用。

2. 色彩

色彩光波的长短对人的视神经的刺激程度不同，直接影响着消费者的心理活动，并由此引起情绪的变化。所以，在进行商店内部色彩调配时，应考虑以下因素：

（1）营业场所的空间状况

由于淡色调具有扩展视觉空间、深色调具有压缩视觉空间的作用，所以可通过色彩调配，扬长避短，改变消费者的视觉感受。

（2）主营商品的色彩

装饰用色彩要有利于突出商品本身的色彩和形象，把商品衬托得更加美观、更具吸引力，以刺激购买。

（3）季节变化与地区气候

店内装饰的色彩调配要因季节和地区而异，可利用色彩的特性，从心理上调节消费者由于气温与自然因素造成的不良情绪。

3. 气味

商店中的气味直接影响消费者的心理感受，清新芬芳的气味吸引消费者欣然前往；反

之，则使人难以忍受，同时心理上引起反感，无疑是不利于其购买活动的。好的气味还可显示商店的服务精神，在消费者的心目中树立良好的形象。

4．音响

和谐的音调、柔和的音色和适中的音量能让消费者感到舒适。适当播放一些轻松柔和、优美动听的音乐，可以创造良好的购物环境。

5．空气

保持空气清新宜人，温湿度适中，能让消费者产生舒适、愉快的心理感受；污浊的空气则影响消费者和营业员的身心健康，无异于将消费者推出门外。

6．店内设施

有条件的商店可在适当的地方设置消费者休息室、饮食服务部、购货咨询处、临时存物处等各种附设场所，这些设施也利于提高商店声誉、满足消费者心理需要。

（二）商品陈列原则

1) 分类明确；
2) 商品显而易见；
3) 消费者伸手可取；
4) 货架要放满；
5) 商品陈列的关联性；
6) 把互有影响的商品分开设置；
7) 将易冲动购买的商品摆放在明显部位以吸引消费者；
8) 将客流量大的商品部、组与客流量小的商品部、组相邻设置；
9) 按照消费者的流动规律设置货位；
10) 货位设置要考虑是否方便搬运。

（三）商品陈列技巧

1．层次清楚，高度适宜

消费者走进商店后，一般都会无意识地环视陈列商品。因此商品的摆放要有层次感，同类商品应尽可能陈列在邻近的位置上，以减少消费者寻找的时间。

2．适应习惯，便于选购

陈列品种繁多的商品时，应按照消费者的购买习惯，固定摆放，以便他们寻找、选购。一般陈列商品可分为以下几类。

（1）"日常生活必需"商品

"日常生活必需"商品使用频繁，消费者希望购买方便、交易便利。因此，可将这类商品陈列在最明显、易于速购的地方，如商店的底层或过道和出入口。

（2）衣着出行用品

衣着出行用品有时装、皮鞋、提包、自行车等，消费者购买此类商品时，常对价格、款式、色彩、质量等进行综合性的考虑，然后做出购买决定。因此，此类商品应陈列在商店内空间比较宽敞、光线比较充足的地方，便于消费者比较和思考，最后进行决策。

（3）家用贵重商品

家用贵重商品一般属于高档生活消费品，如家具、家电、珠宝首饰等商品，消费者购买时会慎重考虑。因此，商场应选择店内冷僻优雅的地方，设立专门区域，提供咨询服务，以满足消费者慎重决策、求信誉、求放心的购买心理需求。

3．清洁整齐，疏密有致

要经常保持商品的整洁、新鲜。在陈列的过程中，除了要保持商品本身清洁外，还必须随时更换商店中的损坏品、瑕疵品和到期品。总之，要让商品以最好的面貌（整齐、清洁、新鲜）面对消费者。

除此之外，还要根据货架的大小、深度条件进行陈列，构成层次分明、穿插恰当、疏密相称、格调和谐的统一体；要从多种角度陈列商品样品，防止杂乱无章或"大合唱"式的呆板陈列方式。

第三节　销售人员与消费心理

一、销售人员的仪表与消费心理

（一）销售人员仪表的重要性

仪表包括人的形体、容貌、健康状况、姿态、举止、服饰、风度等方面，是人举止风度的外在体现。在销售工作中，销售人员的仪表是销售成功的第一块敲门砖，也是自我修养的体现，更是公司形象和产品形象的具体体现。

（二）销售人员仪表对消费者心理的影响

消费者对企业的判断和评价往往是从对销售人员仪表的感觉开始的。一般来说，营销人员的服饰着装整洁大方、美观合体、端庄舒适，并能与特定的营业环境相协调，就会给消费者以安全、信任、愉快的感觉，对购买行为具有积极的影响。反之只能给人不快之感。销售人员整洁合体、美观大方的服饰也能够给消费者以清新明快、朴素稳重的视觉印象和舒展端庄的感受；而良好的言谈举止能够给消费者以亲切、文雅的感觉。

二、销售人员与消费者的沟通

销售人员与消费者的心理沟通直接影响着企业经营的优劣。一方面，两者之间良好的沟通能够促进成交，提高消费者的满意度；另一方面，即使没有成交，也会使消费者对企业产生良好的印象，为以后在该企业实现购买创造条件。

1）技巧性。产品介绍要清楚、准确，语言要清晰、明白无误，使消费者易于理解，并且应当用消费者易懂的技巧性语言做介绍。在回答消费者的异议时，应避免使用"大概如此""也许""可能"等模棱两可的词，以免引起消费者的不信任感。

2）针对性。销售人员应当根据消费者的不同性格和需求心理"对症下药"。只有针对性地说服，方能诱发消费者的购买动机。

3）参与性。销售是买卖双方的事，因此应鼓励引导消费者发表自己的意见，邀请消费者亲自试用产品。

4）情理性。晓之以理，就是理智地帮助消费者算细账，向消费者详细指出使用这种产品能够带来的好处，确信自己的决策是合理的。动之以情，就是应努力渲染气氛来打动消费者的心，激发其购买欲望，促使其采取购买行动。

三、销售人员提高服务质量的消费心理策略

（一）正确判断消费者意图，抓住时机接近消费者

首先要判断消费者的来意，抓住与消费者搭话的时机。以下几种时机能够表明消费者有消费意图：消费者长时间地凝视某一商品的时候；消费者目光离开商品抬起头的时候；消费者突然止住脚步，盯住某一商品的时候；消费者用手触摸商品的时候；消费者在四处搜寻什么的时候；消费者与营业员迎面相视的时候；消费者欲向营业员询问的时候，等等。接近消费者的最初 30 秒，决定了销售的成败，这是成功销售人员共同的体验。

（二）适时展示商品，激发消费者的购买兴趣

营销人员了解到消费者的购买指向，就应及时向他们展示介绍商品。展示商品可以促进消费者形成直观感受，刺激购买欲望。展示商品要遵循如下几条原则：

1）使用状态示范。据消费者的意愿，引导其实际使用尝试，激发其浓厚的兴趣，留下较深刻的印象。

2）感受体验商品。高明的商品展示，不但使消费者从不同的角度和方向把商品看清楚，还要提供一定的实际体验，以达到理想的展示效果，如试驾、试穿、亲自品尝等。

3）陈列多样化。在展示商品时，为了使商品陈列达到醒目、便利、美观、实用的目的，根据消费者的需要，进行多样化陈列。

4）展示举止规范。营销人员在展示商品时，要注意展示的动作、语调与神态。做到展示动作快捷稳当，语调和口气恰如其分，并注意用关心的、诚意的、喜悦的神态与动作语言相配合。

（三）正确诱导消费者，刺激其购买欲望

在购买过程中，消费者对商品有了一定的感知后，往往会随之表露出喜好不同、程度不同的感情态度，如喜欢与讨厌、默许与怀疑等。销售人员要注意消费者这些方面的感情流露，判断引起消费者某种感情的心理因素，给予正确的启迪与诱导。可以采取以下方法。

1）强调优点。为了满足消费者反复权衡利弊的心理需要，站在消费者立场上，委婉如实地介绍商品的优点和缺点。

2）介绍产品知识。重点介绍商品的有关知识，尽量提供参考资料，如商品的制造原料、使用方法、保养方法和修理方法等，以满足消费者的求知欲望。

3）优势比较。让消费者对同类产品进行比较，给予较多的思考时间，避免价格上的心理阻碍，满足消费者求方便和求实惠的心理。

4）感受体验商品。尽可能让消费者实际使用一下，体验目标商品的好处，如让其试听、试看、试穿、试戴、试玩、试装和试尝等，加强对消费者各种感官的刺激，加强消费者对商品实际使用效果的深入理解。

5）考虑个性化需求。根据不同购买对象的购买心理，有的放矢地提示消费或使用商品时带来的乐趣和能满足其某种心愿的程度，激发消费者对使用或消费商品以获得物质享受和心理满足的美好憧憬。

6）满足心理欲望。从商品的命名、商标、包装、造型、色彩和价格等方面，适当揭示某些迎合消费者心意的有关寓意或象征，丰富消费者对商品的联想，满足消费者向往美好事物的心理欲望，等等。

（四）加深对商品的印象，促进购买行动

通过引导消费者感知商品、比较选择之后，就应帮助消费者确立购买信心，促进其采取实际的购买行动。这一步通常是在消费者购买过程中的"比较评价"到"采取行动"两个阶段之间进行的。销售人员必须抓住机会，加深消费者对欲购商品的信任，坚定购买决心。促使消费者购买商品的动力有很多，有来自内部的动力，也有来自外部的动力。当消费者的购买心理产生某些矛盾冲突、犹豫不决时，销售人员应有意识地促进购买行为，善于诱发消费者需求，强化商品的综合吸引力，促进其购买行动。

> **实例 10-4　卖梳子**
>
> 女性在购买珠宝首饰等品牌商品时，她们更看重的是依附在商品使用价值之外的"符号象征"，以彰显自己独特的生活方式，展示个人的能力与品位等。情景营销的策略就是在销售的过程中，运用生动形象的语言，给女性消费者描绘一幅使用产品后的美好图像，激起消费者对这幅图景的向往，刺激其消费的欲望。
>
> 在导购现场，营销人员富有感情色彩的描绘可以使消费者将这种场景和自己的亲身经历结合起来。营造的情景可以强化品牌商品的美好形象，满足购买期望。而女性的购买行为主要是由感情力量引起的，如果终端销售人员所描绘的情景正好符合购买者原有的想法，这种带有感情色彩的推销最容易说服消费者。
>
> 资料来源：http://www.360doc.com/content/16/0630/14/34139117_571930384.shtml。
>
> 面对女性消费者在品质品牌等方面的更高要求，不但要突出自己女性消费的特色个性，还要简明易懂，让消费者可以把握女性消费特性。这就使得女性生产企业在营销方面需要投入得更多。

> **案例分析　　解构大悦城**
>
> 自诩为"国际化青年城"的西单大悦城总营业面积达 11.5 万平方米，相当于半个鸟巢体育场，几乎占西单商圈总营业面积的 40%。风靡全球的众多快速时尚（Fast Fashion）品牌皆汇集于此：来自日本的优衣库、英国的 NEXT 以及西班牙的 ZARA 和瑞典的 H&M。在这里，几乎每天都在上演宛如美国圣诞购物季那样的狂欢式场景。

本质上，可以把大悦城这样的购物中心看作迪士尼式的主题公园，在这里，可以购物、娱乐、剪发、就餐、喝咖啡、玩街拍，或者只是信步闲逛。它同样具有广场文化的特质，只不过是覆盖了一个大大的屋顶。在这样一个封闭的环境里，它利用一系列暗示让消费者不断移动：透明的栏杆使视线不受妨碍，人造树木创造的垂直感觉促使你乘着电动扶梯来到另一层。明亮的灯光让人们感觉一直停留在午后三点，从而忘记时间的流逝。甚至于，它还控制着内部气候：一年四季都保持着温暖适宜的气温。

如此精心营造，反映了这类购物中心与超级卖场运营哲学的根本不同：后者追求效率，所以希望消费者购物所花时间越短越好；购物中心则希望消费者在这里待得越久越好，也许下一秒钟，消费者就会打开荷包决定购买。

事实上，很多零售业者都忘了做一件事：应该重新认真地丈量一下消费者的"步行距离"。传统的百货公司总是按珠宝/化妆品、女装、男装、家居/儿童用品来从低到高划分楼层功能，餐饮等辅助服务一般设在地下一层或最高层。这种布局暗示消费者走进商场时带有强烈的目的性，楼层与楼层之间的带动效应很低。

但大悦城试图做到的是，让消费者在这里想做什么都可以，或者说，不想做什么也可以。从2层到5层，分别有星巴克、汉堡王、味千拉面、台湾小吃等，如果你乘坐号称亚洲跨度最高的室内电动扶梯直接到达6层，电梯口就是肯德基。在每一楼层，大悦城都为消费者提供可随时休息的场所，这种可以"走走停停"的布局设计，正是对消费者步行距离认真考量后的结果：把"人"作为购物中心规划和组织的核心，通过对消费者购物心理及行为习惯的研究，进行整体商业组织。

西单大悦城开业初期，时任总经理、现任中粮置业集团副总裁的暴雪松经常到地下车库去查看停车记录，当他发现消费者的泊车时间从最初的40分钟变为后来的3个多小时后，他知道这个项目可以活下来了。

在大悦城的6～8层，共2.3万平方米的餐饮区是西单规模最大、品牌最多的。把如此多的空间留给餐饮品牌，一方面是由于餐饮品牌能够在开业早期带来客流，另一方面则因为餐饮这一消费形态暗含着消费者的社交需要，以此成为消费者购物之后的精神和体力的缓冲，延长其逗留时间。

资料来源：市场营销案例，2010（04）。

【案例分析题】
1. 大悦城是如何通过购物环境来达到吸引消费者的目的的？
2. 请分析大悦城成功的原因。

本章小结

本章分别从消费服务、购物环境及销售人员等不同角度，阐述对消费者心理的影响。通过分析，采取相应的措施，促成消费者购买行为。

练习题

一、单项选择题

1.（　　　）是将推介商品提供给消费者感官的第一印象。

A. 橱窗布置　　　B. 灯光布置　　　C. 色彩布置　　　D. 陈列布置
2. 在商业发达的地区，消费者购物除考虑商品因素以外，还会考虑（　　）。
   A. 商店的类型　　　　　　　　　B. 商品的特征
   C. 商店的布局　　　　　　　　　D. 商店的客流

二、多项选择题

1. 商品陈列技巧有（　　）。
   A. 层次清楚　　　B. 高度适宜　　　C. 适应习惯　　　D. 清洁整齐
2. 销售人员提高服务质量的消费心理策略包括（　　）。
   A. 正确判断消费者意图，抓住时机接近消费者
   B. 适时展示商品，激发消费者的购买兴趣
   C. 正确诱导消费者，刺激其购买欲望
   D. 加深对商品的印象，促进其购买行动

三、判断题

1. 一般来说，销售人员的服饰着装整洁大方、美观合体、端庄舒适，并能与特定的营业环境相协调，能够给消费者以安全、信任、愉快的感觉，对购买行为具有积极的影响。
（　　）
2. 除了要保持商品本身清洁外，还必须随时更换商店中的损坏品、瑕疵品和到期品。
（　　）
3. 商品价格的高低与其周围居民的消费水平没有直接的联系。（　　）
4. 在人际交往中，每个人的仪容都会引起交往对象的特别关注。（　　）
5. 经研究发现，普通人的展望高度范围为 1m 左右，因此商品的陈列高度在 $0.7\sim1.7\mathrm{m}$ 比较适宜。
（　　）

实训项目

大型超市选址调查

一、实训目的

通过实地调查了解大型超市的选址及布局。

二、实训内容

利用课余时间，观察当地大型超市的选址情况。
1. 选择 3~4 家大型超市及购物中心，观察选址情况及客流统计。
2. 比较不同的超市选址的策略，并分析选址对客流的影响。

三、实训要求

1. 按教学班级进行分组，每组 5~8 人，按组进行调查。
2. 小组成员针对自身情况逐一陈述分析。
3. 由每组组长负责完成分析报告的撰写。

第十一章

网络营销与消费心理

学习目标

能力目标

- 能根据消费者的心理特点来制定适合的网络营销策略。

知识目标

- 了解网络营销的含义和特点。
- 理解网络营销中消费者的心理特点。
- 掌握网络营销的心理策略。

引导案例

强生公司网络营销

美国强生公司是世界上最大的、综合性的医药保健公司,也是世界上产品最多元化的公司之一。公司成立于1886年,迄今为止,已在世界54个国家设有200家子公司,全球共有员工112 000多名,产品畅销全球175个国家。强生公司为世界500强企业,长期以来,强生公司在各个领域获得一系列殊荣:自1986年起,强生公司被《职业母亲》杂志连年评为职业母亲的最佳公司;被《商业周刊》评为2001年度全美最佳经营业绩的上市公司,2002年度荣登全美50家表现最杰出公司榜首,2002年度全美"最佳声誉公司";2003年被《财富》杂志评为全美最受赞赏公司之第5位。

强生(中国)有限公司1992年注册成立于上海,是美国强生公司在中国大陆投资的第一家独资企业,也是目前美国强生公司在海外最大的个人护理和消费品公司之一。该公司在中国推广强生婴儿这一全球知名婴儿护理品牌时,不仅为中国的消费者带来值得信赖的护肤产品系列,而且还致力于推广专业的婴儿护理理念、知识及婴儿护理产品。

管理学者们素来对强生公司"受欢迎的文化"推崇备至。该企业文化的内涵在公司信条中有所体现,这也是自其成立之初就奉行的一种将商业活动与社会责任相结合的经营理念:①公司需对使用其产品和服务的用户负责。②对公司员工负责。③对所在社区和环境负责。④对公司股东负责。该公司的历任领导者们坚信,只要做到信条的前三条,第四条就会自然做到,企业也会受到公众的欢迎。强生的百年成功历史,就是其执着地实践这些信条的过程。

经验告诉强生,企业网站的成功应与其奉为宗旨的"受欢迎"和"文化"相联系,结合互联网媒体特性以及企业现有产品，关注与满足百万网民的实际需求。公司应该在网上开设具有特色的、别人难以模仿的新颖服务项目，并且这种服务对于消费者和企业都必须是可持续、可交流的，能够增进双方亲和力与品牌感召力的项目。于是，强生选择其婴儿护理品为公司网站的形象产品，选择"您的宝宝"为站点主题，将年轻网民的"宝宝成长日记"变为站点内容的一部分，沿着这本日记展开所有的营销流程。

将一家拥有百年历史且身居500强之一的企业站点建成"您的宝宝"网站，变成一部"个人化的、记录孩子出生与成长历程的电子手册"，这一创意的实施证明是成功的。公司网站的确是个"受欢迎"和充满"育儿文化"气息的地方。在这里，强生就像位呵前护后、絮絮叨叨的老保姆，不时提醒着年轻父母们该关注宝宝的睡眠、饮食、哭闹、体温……随着孩子的日日成长，这位老保姆会时时递来"强生沐浴露""强生安全棉""强生尿片""强生围嘴""强生2合1爽身粉"等孩子所需的公司产品。年轻父母们会突然发现身边这位老保姆和育儿宝典的重要性。

进入强生网站，左上角的公司名称下是显眼的"您的宝宝"站名，每页可见的是各种肤色婴儿们的盈盈笑脸和其乐融融的年轻父母。首页上"如您的宝宝××时，应怎样处理？""如何使您的宝宝××？"两项下拉菜单是帮助人们解答育儿疑问的地方。整个网页色调清新淡雅，明亮简洁，设有"宝宝的书""宝宝与您及小儿科研究院""强生婴儿用品""咨询与帮助中心""母亲交流圈""本站导航""意见反馈"等栏目。其中，"宝宝的书"由电子版的"婴儿成长日记"和育儿文献交织组成，前者是强生在网上开设的日记式育儿宝典，各项操作指导可谓细致周全。例如，教人如何为婴儿量体温，如何为孩子洗澡……

此外，网站还为年轻父母提供了心理指导，这对于某些婴儿的父母来说具有特别重要的意义。如"我的宝宝学得有多快？"栏目开导人们不要将自己的孩子与别人的孩子做比较，"将一个婴儿与其兄弟姐妹或其他婴儿比较是很困难的，只有将他的现在和他的过去做比较；而且你们的爱对婴儿来说是至关重要的。因此，无条件地接受他，爱他，就会培养出一个幸福、自信的孩子来。"

资料来源：李付庆，消费者行为学，2011。

【引入问题】
1. 强生的网络营销有什么特点？
2. 从消费心理学的角度分析，强生网络营销的成功对我们有什么启示？

第一节 网络营销的概念

一、网络营销的含义

随着互联网的飞速发展，电子商务也不断显现出其强大的生机和活力，其所带来的网络营销模式不仅向消费者呈现出了一种全新的营销方式和购物体验，还深刻地影响了消费者的心理，使消费者的心理发生了很大的变化。

网络营销是以互联网为基础所进行的市场推广活动，是企业整体营销战略的一个重要组成部分。网络营销的实质是利用互联网对产品的销售各环节,包括售前、售中和售后进行跟踪服务,通过寻找新客户、服务老客户,最大限度地满足消费者的需求,从而达到开拓市场、实现盈利的营销目的。

二、网络营销的内容

网络营销也可以称作网上营销、在线营销、互联网营销等,就是以互联网为主要手段开展的营销活动,具有较强的实践性。在网络时代,消费者总是力求获得更方便快捷的购物模式,享受更优质的客户服务,以最低的价格最大限度地满足自身需求。传统营销模式已经不能完全满足消费者的购物需求,很难使企业在激烈的竞争中获胜,因此网络营销成为各企业的必要选择。

网络营销从其职能出发,主要包括以下几个方面的内容:

(1) 网址推广及网络品牌的建立及推广

网址推广是网络营销的基本职能之一,因为网站所有功能的发挥都要以一定的访问量为基础,所以,网址推广是网络营销的核心工作。网址推广取得一定的成就之后,又进一步为品牌的网络营销奠定坚实的基础。

网络营销的首要任务就是利用互联网建立并推广自己的品牌,通过实体与网络的结合,不断扩大自己品牌的市场占有率。一方面,已有线下品牌的企业,可以利用互联网的品牌推广使品牌形象在网络上得以延伸;另一方面,专门营销网络品牌的企业则可以通过互联网快速建立品牌,树立企业形象。总之,围绕网络品牌建设的一系列推广措施,可以以更快的速度建立品牌的网络价值,得到公众对企业的认知和认可。

(2) 各类信息的发布

互联网技术的飞速发展,为各类交易主体之间信息的互通提供了良好的条件。网站作为一种信息载体,可以发布及传递各类信息,增加了企业及消费者获取信息的渠道,有利于其做出更有效的经济决策。

(3) 拓宽销售渠道,增加品牌的销售量

网络营销是为获取品牌的利润服务的,通过网络销售渠道的建立,可以更好地为企业实体经济服务,通过线上与线下的结合,在一定程度上增加品牌商品的销售量。对于企业而言,一是可以通过自身网站的建设,建立一个具备网上交易功能的企业网站;二是可以在综合电子商务平台上建立网上商店,以及与其他电子商务网站不同形式的合作等。

(4) 网络客户关系的建立及维护

网络消费者是网络社会的一大特殊群体,是企业服务的主要客户之一,互联网为企业提供了更加方便的在线客户服务。通过网络,可以跟客户进行实时沟通,在深入了解网上客户的同时,一对一地为客户解决各类问题。良好的客户关系也是网络营销取得成效的必要条件,通过网站的交互性、消费者参与等方式,在开展消费者服务的同时,也增进了与客户之间的关系。

(5) 进行市场调研

通过互联网,可以利用网上调查工具进行在线市场调查活动,与传统市场调研相比,网上调研具有效率高、成本低的特点,所以网上市场调研也是网络营销的主要内容之一。

三、网络营销的特点

互联网的飞速发展,使遍布全球的企业、团体、组织及个人都可以通过网络联结在一起,为网络营销的发展提供坚实的基础。网络已经深刻地改变了我们的生活方式和思维方式,而且将继续改变下去。网络营销主要有以下几个特点:

1. 全球性

通过互联网络,信息可以超越时间和空间进行传播交换,企业可以随时随地向客户提供全球性的营销服务。只要有网络,营销便成为可能,这是传统媒体无法做到的。

2. 交互性

互联网的优势之一便是交互性强,相较于传统媒体的信息单向传播,网络营销更多的是信息互动传播。企业可以通过网络向消费者发布公告,展现产品信息,还可以和客户进行双向沟通,对消费者进行实时信息收集,提高服务水平,在提高客户满意度的同时又提高了营销的成功率。

3. 整合性

商家可以通过网络将所有与产品有关的信息整合在一起,向消费者集中展示,使文字、图像和声音有机结合在一起,传递多感官的信息,让消费者如身临其境般感受商品或服务。通过网络的统一设计、规划和实施,避免了传播的不一致性。

4. 高效性

信息技术的快速发展使网络营销的实施更加方便快捷,商家可以根据客户的需求很快完成网络营销方式的制作及产品的市场投放,还可以及时根据网络上的市场反馈更新产品或调整产品价格,更好地满足客户的需求。

5. 针对性

运用网络进行销售,基本上是一对一直接面对消费者的,可以根据不同消费者的特点及需求向其提供更加人性化的服务,从而建立长期稳定的客户关系。

6. 便捷性

网络营销超越了实体经济直接面对面的交易形式,利用虚拟网络进行交易,消费者随时随地都可以购买自己心仪的产品,不受时间及空间的限制。

第二节 网络营销心理因素分析

网络营销现已成为企业获得利润、维持发展的主要营销模式,而在网络经济时代,人们的思想观念、行为习惯和工作方式等都已发生了巨大的改变,因此要想在激烈的市场竞争中取得一席之地,企业必须全面了解网络消费者,制定合适的网络营销策略。

一、网络营销中消费者心理的特点

在网络营销中,消费者的购买行为与实体营销时有一定的区别,主要源于网络购物时消费者不同的心理特点。网络营销中消费者的心理特点主要表现在以下几个方面。

（一）求便心理

消费者选择网上购物的原因之一便是可以足不出户就能买到任何自己需要的商品。在生活节奏越来越快、工作压力越来越大的今天，时间显得尤为珍贵。网购大大节省了消费者的外出购物时间，方便快捷，而且选择性多，正好迎合了消费者的需求。

（二）求惠心理

消费者在进行网上购物时，一方面追求的是品质，一方面追求的是物美价廉。影响商品需求的因素主要有商品自身的价格、消费者收入水平、消费者的偏好和相关商品的价格等，而在其他因素不变的前提下，价格便成为决定商品需求的关键因素。相对于实体营销，网络营销可以减少店铺费用、人员费用等，大大降低了产品的成本，所以网上销售的产品往往价格比较低廉。

（三）求特心理

由于网络营销不受时间和空间的限制，网购商品种类几乎能够满足消费者的所有需求。此外，网络消费者中，年轻人占绝大多数，追求时尚、个性化、独特性是他们的群体特征，因此也更容易受网络活动的影响，而且他们的求特心理能够通过方便快捷的网购得到满足。

（四）求趣心理

对于一部分消费者而言，网上购物已经成为一种生活乐趣、一种精神享受，可以使他们保持与社会的联系，赢得尊重，减少内心的孤独感。今后，这种消费心理会在较长的时间内存在。

> **实例** 雕爷牛腩
>
> 雕爷牛腩玩的是"封测"试营业，并配合明星在微博上的各种秀及能参加封测的"荣幸"。封测这件事，本来是网络游戏界最常见不过的事，但移植到餐厅，好像效果还不错。雕爷说道："封测直接触发了'迷恋七个触发器'里面的'神秘感'。一个餐厅，能有啥了不起的呢？但你吃不到时，就会觉得格外想见识见识。犹如Facebook最初，没有哈佛大学后缀的邮箱，根本不让你注册……这下可好，所有常青藤大学的学生都拼命想挤进来看看，等一开放常青藤大学的时候，所有一二三四五六七八流的大学生们，也都想挤进来……扎克伯格轻而易举获得了最初的成功。"
>
> "反正封测，一堆名人达人、美食专家以及小明星们，为何不请来吃呢？伸手不打白吃的饭，放下筷子难骂娘。封测被邀请，多有面子？！请呗！"再配合雕爷自己在微博上晒厨神秘方、高品质食材、极致装修等，吊足了大家的胃口。
>
> 而餐厅一正式营业，花钱来吃的消费者，直接吃到的就是磨炼了半年的模样，已是一个过了"磨合期"的、相对成熟的餐厅。
>
> 资料来源：中麒案例，雕爷牛腩网络营销：用户体验至上，2013。
>
> 雕爷牛腩的营销模式便是从消费者的心理特点出发，利用微博等网络媒体引起大家的关注，激发大家想要了解的欲望，满足了大家的求特与求趣心理，从而赢得了消费者的青睐。

二、制约消费者网上消费的心理因素

对于商家而言，网络营销由于突破了空间、时间上的限制，已成为不可逆转的趋势，但是如何具体实施好网络营销策略，则有赖于消费者对商家的认可度，因此需进一步了解制约消费者网上购物的心理因素。

1．受传统购物观念束缚

传统的实体购物方式注重"眼看、手摸、耳听"，而网络购物是通过虚拟的网络进行交易的，对于商品的了解只能通过页面的简介，因此对商品的实际形态会存在一定的疑问。受传统购物观念的影响，网络营销对于某些特定商品或某些特定人群并不适合。

2．商品心理价格得不到满足

消费者进行网上购物，主要原因是网购的价格会比实体店低，但某些商品的网上销售价格与实体店相比差别不大，折扣相对较低，消费者却还要承担实际收到的商品与描述不相符、质量不过关的风险，因此阻碍了消费者进行网上消费。

3．个人隐私权受到威胁

消费者进行网上购物，通常需要注册会员，填写相关个人信息，而商家对于个人信息隐私权的保护有时并不到位，容易泄露个人信息。由于隐私权得不到保障，许多消费者对于网上购物望而却步。

4．对网上支付机制缺乏信任感

随着信息技术的不断发展，网上支付越来越便捷，但随之而来的也是对支付环境安全问题的担忧，有些不法分子会利用不正当手段盗取消费者银行卡密码或设计虚假订单要求消费者付款，使消费者上当受骗。因此，对于网上支付机制信任感的缺失也阻碍了消费者进行网上购物。

5．对虚拟购物环境缺乏安全感

由于网络消费是在虚拟环境下进行的，买卖双方并不一定以真实身份进行交易，容易弄虚作假，对于对方的真实信息不一定了解，而且一旦发生纠纷，缺乏相关的法律手段来解决，消费者的权益得不到保障，也进一步阻碍了网上消费。

6．对低效配送缺乏保障感

随着网上购物的蓬勃发展，与之相关的物流配送体系也逐步建立起来，快递公司众多，但是仍然存在很多问题，比如配送时间得不到保障、配送费用较高、商品易损坏等，造成了物流配送体系的低效性，也影响了消费者进行网上购物的热情。

第三节　网络营销的心理策略

一、网络营销环境下消费者心理需求分析

1．商品使用价值导向型需求

网购性价比是调节消费者网上购物行为的重要参数，消费者选择网上购物，一般情况是出于对网购商品性价比的考虑。消费者从自身的实际收入水平出发，选择与其消费能力

相匹配的商品，对其价格、属性功能和质量等诸多因素进行分析，并与其线下价格做比较，从而形成相对科学合理的网购行为。在进行网购商品的性价比较时，消费者往往根据自我的消费习惯和当前的消费需求来确定对网购商品的基本要求，确定商品的合适价位。

2．商品个性化价值导向型需求

随着科学技术水平的不断提高，商品的生产能力和研发能力迅速增长，消费者日益增长的多元化需求不断得到满足，消费者开始按照个人意志来选择和购置网络商品与服务，并向商家提出更多的附加要求。互联网技术的发展有助于商家用较低成本来收集消费者信息，并将消费者信息传递给上游企业，来为消费者定制符合其需求的商品，以有效促进消费者个性化消费文化的归位。

二、基于消费心理的网络营销策略

网络消费者的心理特点和购买需求给企业的经营管理带来了新的机遇和挑战，因此商家必须摆脱旧的传统经营观念的影响，根据时代的变化，制定新的营销策略，建立一套适合消费者网上购物的运作机制。

1．产品的多元化和个性化

消费者的消费动机是在一定的社会与文化环境下形成的，在信息化时代的互联网技术冲击下，消费者的需求越来越多元化，网络营销者应当充分利用消费者对于个性化产品的新奇感来推广新产品。消费者的网络消费决策易受到产品属性及功能、价格、渠道和促销等组合型营销激励因子的刺激，因此通过推广特色化产品，可以满足不同类型消费者的诉求，从而给网络营销平台带来更多的价值增值。此外，网络商家还可以通过深入考察营销周边环境来设置并优化相应的营销组合，从而提升网购消费者的消费体验水平，以此来贯彻其"营销激励"策略。

2．网络促销渠道多元化

随着社交新媒体的发展，以信息技术为平台，以人际关系信息为传播内容的新型社会交际关系网络正在形成。由于消费者的消费决策信息来自商家，而商家又可以利用网络在各营销渠道有针对性地向消费者释放关于标的物商品的消费信息，从而引导消费者做出更有利于商家的消费决策。另外，企业还可以通过网络为消费者提供更多的信息分享渠道，实施口碑营销策略。网络空间的虚拟性交易特征导致了消费者对于网络平台营销行为的不信任心理，通过引入口碑式营销策略，如通过微信、微博、QQ等网络平台上的信息分享，可以增强消费者对网络商家的信任感。

3．服务人性化

在网络营销中，商家应该为每一位网络消费者提供人性化的服务，将消费者对于商品实际的、个性化的需求作为自己服务的方向和重点，来对消费者开展相关的服务工作。当前的消费者主要以"80后""90后"为主，时代背景、生活态度、消费理念等的不同使他们和其他年代的人群具有很大的区别，这群消费者热情、张扬，喜欢个性化的事物，他们普遍具有追求个性化的心理，同时也向往接受个性化的服务，在网络营销中及时为其答疑解惑、解决问题，在为商家树立良好形象的同时也会获得消费者良好的口碑，增强其对商家的忠诚度。

4．交易安全化

交易安全问题是制约消费者进行网上购物的一个重要因素，而且在实际的网络消费中大多数人都遇到过产品信息弄虚作假、质量不过关和商家信用不可靠等问题。因此,企业必须建立良好的形象,通过良好的信誉取得消费者的信任。此外,建立完善的信用体系、提供公平规范的法律环境、搭建优越的技术平台、健全相应的网络配套体系,也是网上交易安全化的必要保障。只有解决交易安全问题,才能消除消费者对于网上购物的戒备心理,促使消费者选择网上购物。

5. 配送社会化

物流配送体系的完善是网络营销成功的一个重要保证,因此企业必须利用现代化物流配送体系,以订单信息流为中心,搭建全方位的资源网络,选择就近的配送中心,将商品及时完好地送达消费者手中。

案例分析：耐克公司的个性化营销策略

耐克的主要消费群体是14～30岁的人群,而这部分年轻人大部分的时间则消耗在互联网上,耐克选择的百度、腾讯等网络营销渠道恰恰适应了年轻人所常常关注的焦点,都是在我国备受年轻人欢迎的网站。在百度搜索引擎中能搜索到4 000多个网页,耐克公司在其主要的消费群体中的曝光率大大增加,低廉的宣传成本带来高效的宣传,大大超过了户外广告。

耐克公司采取消费者个性化产品生产营销模式,把企业的生产和消费者的需求结合起来,在企业和市场中建立良好的交流纽带。耐克为其客户建立数据库和个人信息的专用档案,把客户所需要的信息储存起来,为其更好地生产所需要的产品,也更好地追踪客户的动态,做好产品的售后服务,而这一切都来源于耐克的网站和数据库服务。耐克的官方网站提供了个性化定制服务,消费者可以根据自己的喜好和款式定制只属于自己的鞋子或者衣服,加上独一无二的自定义LOGO,给年轻人留下充分的想象空间,发挥他们旺盛的想象力。

资料来源：李付庆,消费者行为学,2011。

【案例分析题】

耐克公司的网络营销有什么特点？

本章小结

本章从网络营销的基本概念入手,介绍了影响消费者网上购物的因素,分析了基于消费心理的网络营销策略。

练习题

一、单项选择题

1. 网络营销的内容不包括（　　）。

　　A. 网址推广　　　　B. 信息发布　　　　C. 市场调研　　　　D. 实体交易

2. 在网络消费者中,年轻人占绝大多数,追求时尚、个性化、独特性是他们的（　　）

心理。
  A. 求特　　　　B. 求趣　　　　C. 求惠　　　　D. 求便
3. 网络营销的心理策略不包括（　　）。
  A. 产品个性化　　　　　　　　B. 服务多元化
  C. 交易安全化　　　　　　　　D. 物流固定化

二、多项选择题
1. 网络营销的特点有（　　）。
  A. 全球性　　　　B. 交互性　　　　C. 整合性　　　　D. 针对性
  E. 高效性
2. 网络营销中消费者心理的特点有（　　）。
  A. 求惠心理　　　B. 求便心理　　　C. 求特心理　　　D. 求趣心理
  E. 求利心理

三、判断题
1. 网络营销独立于实体线下营销。（　　）
2. 网络营销是以互联网为基础所进行的市场推广活动，是企业整体营销战略的一个重要组成部分。（　　）
3. 网络营销不能进行市场调研。（　　）
4. 物流配送体系的健全有利于促进消费者选择网上购物。（　　）
5. 企业应该针对不同消费者的特点制定个性化网络营销策略。（　　）

实训项目

网络营销消费策略分析

一、实训目的
能基于消费心理选择不同的网络营销策略。

二、实训内容
以小组为单位，假设你是一家大型白酒公司的营销主管，公司需要你用传统营销和网络营销两种不同方式对该公司的白酒进行销售，你将会如何设计和操作？

三、实训要求
1. 按教学班级进行分组，每组 5~8 人，按组进行调查。
2. 小组成员针对自身想法逐一陈述分析。
3. 由每组组长负责完成分析报告的撰写。

参 考 文 献

[1] 马库斯·斯塔尔博格，维尔·梅拉. 购物者营销：如何把进店购物者变成实际购买者[M]. 北京：中国商业出版社，2012.

[2] 马国良. 新营销战：社会化网络营销实战解密[M]. 北京：机械工业出版社，2012.

[3] 马同斌. 现代企业营销策划[M]. 北京：中国时代经济出版社，2004.

[4] 梁清山. 消费心理学[M]. 北京：北京交通大学出版社，2008.

[5] 冯丽云. 经典广告案例新编[M]. 北京：经济管理出版社，2007.

[6] 威廉·庞德斯通. 价格幌子"套牢"顾客[N]. 中华合作时报，2011-07-22.

[7] 陈金伟. 非处方药营销"分羹术"[N]. 医药经济报，2007-10-15.

[8] 京师心智. 心理学常识速查速用大全集[M]. 北京：中国法制出版社，2015.

[9] 柳欣，李海莹. 消费心理学[M]. 3版. 大连：大连理工大学出版社，2014.

[10] 平建恒，王惠琴. 消费者行为分析[M]. 北京：中国经济出版社，2008.

[11] 臧良运. 消费心理学[M]. 2版. 北京：北京大学出版社，2015.

[12] 王健. 消费心理学[M]. 北京：中国传媒大学出版社，2010.

[13] 汤丽萍，曹虎山，廖波. 消费心理学[M]. 北京：航空工业出版社，2012.

[14] 肖涧松. 消费心理学[M]. 2版. 北京：电子工业出版社，2013.

[15] 邓莹莹. 80后家庭生命周期阶段和消费行为的变化趋势[J]. 消费导刊，2008（4）：21-23.

[16] 张建平，王军. 家庭购买决策中的夫妻角色研究文献评述[A]. 妇女研究论丛，2010（2）：79-82.

[17] 龚慧敏. 女性汽车市场与营销策略[J]. 企业导报，2010（3）：139-140.

[18] 刘军，邵晓明. 消费心理学[M]. 2版. 北京：机械工业出版社，2016.

[19] 李晓燕，刘剑. 消费心理学[M]. 2版. 北京：清华大学出版社，2010.

[20] 张易轩. 消费者行为心理学[M]. 北京：中国商业出版社，2014.

[21] 利昂·G. 希夫曼，莱斯利·拉扎尔. 消费者行为学[M]. 10版. 北京：中国人民大学出版社，2011.

[22] 戴卫东，刘鸽. 消费心理学[M]. 北京：北京大学出版社，2011.

[23] 陈可，李晓楠，朱凤. 消费心理学[M]. 北京：北京理工大学出版社，2016.

[24] 徐萍. 消费心理学教程[M]. 5版. 上海：上海财经大学出版社，2015.

[25] 焦利军，邱萍. 消费心理学[M]. 2版. 北京：北京大学出版社，2013.

[26] 文明德. 你的第一本销售心理学[M]. 南昌：江西美术出版社，2017.

[27] 倪自银. 新编市场营销学[M]. 北京：电子工业出版社，2013.

[28] 黄浩，钟大辉. 市场营销学[M]. 成都：西南财经大学出版社，2009.

[29] 宫相荣，李萍. 市场营销学[M]. 2版. 北京：中国财政经济出版社，2007.

[30] 朱吉玉. 消费心理学[M]. 大连：大连出版社，2010.

[31] 胡晓云，张健康. 现代广告学[M]. 杭州：浙江大学出版社，2007.

[32] 朱慧文. 现代消费心理学[M]. 杭州：浙江大学出版社，2007.

[33] 余小梅. 广告心理学[M]. 杭州：浙江大学出版社，2008.

[34] 毕思勇. 市场营销[M]. 3版. 北京：高等教育出版社，2014.

[35] 张兵. 销售中的心理学诡计[M]. 长沙：湖南文艺出版社，2018.

[36] 李昊轩．成交的秘密[M]．南昌：江西教育出版社，2017．

[37] 陈诗．美国通用公司服务客户的故事[J]．中国西部科技，2006（8）：91．

[38] 彭冬林．中小眼镜店售后服务经典案例分析[J]．中国眼镜科技杂志，2017（3）：116-117．

[39] 房煜．大悦城经营模式解密[J]．市场营销案例，2010（4）：25-29．

[40] 希恩·德玛．心理控：赢得客户的细节与秘密[M]．卢东民，译．南京：江苏凤凰科学技术出版社，2017．

[41] 晁杨．论韩都衣舍网络营销策略[J]．考试周刊，2017（4）：196．

[42] 李付庆．消费者行为学[M]．北京：清华大学出版社，2011．

[43] 瞿彭志．网络营销[M]．3版．北京：高等教育出版社，2009．

[44] 石地．促销策略[M]．北京：中国出版集团公司数字传媒有限公司，2015．